Pilares de un reino

Una incursión por la obra de Dulce María Loynaz

CAAW EDICIONES

Pilares de un reino

Una incursión por la obra de Dulce María Loynaz

Osmán Avilés

Titulo original: *Pilares de un reino. Una incursión por la obra de Dulce María Loynaz*
© Osmán Avilés, 2008
© Segunda edición revisada y ampliada
CAAW Ediciones, 2023
   caawincmiami@gmail.com

ISBN: 978-1-946762-18-4

Diseño de cubierta: © Johann E. Trujillo

Este título pertenece a CAAW Ediciones.
CAAW Ediciones es la división editorial de Cuban Artists Around the World, INC.

Todos los derechos reservados. Esta publicación no puede ser reproducida, ni en todo ni en parte, ni registrada en, o transmitida por, un sistema de recuperación de información, en ninguna forma ni por ningún medio, sea mecánico, fotoquímico, electrónico, magnético, electróptico, por fotocopia o cualquier otra, sin el permiso previo por escrito de CAAW Ediciones.

A mis padres

¡Qué vergüenza ser tan vana!, dijo la palabra a la obra. Y la obra a la palabra: «¡Cuando te veo, comprendo lo pobre que soy!».

Rabindranath Tagore

Agradecimientos

Agradezco a mis amigos José Javier Hernández García y Ana Purriños, por develarme el horizonte tinerfeño; a Eduardo Zalba, por concederme la experiencia de conocer el Torreón de Victoria Ventoso, a Ramón Elías Laffita, por su enseñanza en la primera edición de *Pilares*; a William Gattorno, el Dignatario del Paseo; a Alicia Obaya, por su excepcional opinión en la construcción de este ensayo; a Gerardo Loynaz, por su contribución fotográfica y sus anécdotas; a los trabajadores de la Casa de los Árabes, quienes me mostraron las pinturas de Francisco Bonnín. Al Dr. Miguel Angel Náter, director del Seminario *Federico de Onís*, quien me mostró las cartas de Dulce María Loynaz conservadas en esa institución. A todos los que de un modo u otro han hecho posible la segunda edición, ampliada y corregida de este libro.

La Habana tiene un arcángel

Hace unos años conocí a Osmany Pérez Avilés (Osmán Avilés) en La Habana. Coincidimos en los actos por el IV Coloquio en el Jardín, que la capital cubana, la Asociación de Amigos de Dulce María Loynaz de Tenerife y la Embajada de España ofrecían con motivo del nacimiento de la escritora. Actos que ya se venían celebrando en las Islas Canarias y en distintas capitales europeas.

Aquel joven, todavía estudiante en su último año de carrera, defendía sobre el estrado del Aula Magna del Instituto de Literatura y Lingüística un texto de investigación sobre la obra de la poetisa Premio Cervantes 1992.

En principio me llamó la atención su marcada dicción cubana porque era mi primer viaje a aquella Isla y todo me parecía distinto, novedoso, mágico; pero, sobre todo, me impresionó la originalidad de su ponencia y su abierta disposición hacia la literatura y hacia la obra de Dulce María. En la breve estancia, Osmany me sirvió de guía para descubrir el alma de su ciudad. Hay ciudades que tienen un latido que las convierte en distintas, únicas. Pero La Habana tiene además un arcángel, que serenamente cada tarde *desciende en luz de plata redimida,* parafraseando un verso de este amigo y poeta, con quien tuve la fortuna de visitar los domicilios que fueron de la familia Loynaz, en El Vedado. Pretendía él que yo fuera descubriendo por mí mismo aquellos muros cargados de historia y literatura, que yo fuera de alguna forma el artífice del encuentro con las mansiones habaneras de la poetisa. Era noche cerrada, pero no me costó mucho esfuerzo depositar la mirada sobre las arquitecturas tantas veces descritas y soñadas. Una de ellas, un desvencijado palacete ecléctico, se elevaba triste en la oscuridad habanera, como un fantasma perdido entre luces y sombras, sin pálpito alguno, como si le hubiesen quitado la voz y la vida misma, e imaginaba en el otro domicilio a Juan Ramón y a Zenobia, a Federico y a Gabriela, a Carpentier, sus risas; atravesando vestíbulos, subiendo escalinatas entre esculturas decimonónicas y bellos abanicos de nácar y perfumadas maderas.

El paso del tiempo había deshecho el ritmo clásico de muros y capiteles, las raíces de los árboles casi habían desbaratado el cerramiento que bordeaba la última casa de la escritora. Los vientos huracanados del Caribe y la lluvia de muchos años habían posado sus dedos largos sobre aquellos lugares, en otro tiempo hermosos e inspiradores de páginas inolvidables. Sin embargo, para nosotros aquella tarde, aquellos desperfectos eran algo secundario porque lo verdaderamente esencial permanecía allí: la experiencia de los versos, el recuerdo de Dulce María saludando desde la entrada a todos los que acudieron a homenajearla en los últimos años, las reuniones de la Academia, el día triste de la despedida de Pablo, el regreso, el siempre suave olor a almendro y menta del jardín… Le hablaba al investigador cubano de muchos lugares que Tenerife conserva, recuerdo perenne de las visitas que Loynaz hizo a esta Isla; de muchos amigos que dejó aquí, del manto que regaló a la Virgen de la Peña de Francia, patrona del Puerto de la Cruz; de lo común que es andar por las calles de la ciudad y encontrar a cada paso lugares que ella idealizó en su obra dedicada a Tenerife, como antes lo había hecho Bonnín con sus pinceladas; porque lo esencial del Puerto adquirió otro rango desde el momento en que la escritora lo plasmara en palabras, en texto escrito; o desde que Bonnín acertó a describir con maestría el color de sus patios y la explosión de sus tapias florecidas.

Hace unos meses vi a Osmany Pérez Avilés mientras era entrevistado para un programa literario de la televisión cubana y observé cómo la línea de trabajo emprendida años atrás sigue dando frutos importantes. A veces no es fácil poner distancia entre un escritor y el tiempo que vivió. Dulce María Loynaz y su obra necesitan de la visión de jóvenes rastreadores de versos y metros, de otras generaciones ajenas a cuestiones que no sean las estrictamente literarias. Fruto de ese quehacer, Osmany Pérez Avilés permite en este libro un acercamiento y unos planteamientos diferentes que no nos van a pasar inadvertidos.

Cuando volví a pisar una de las casas en El Vedado, reabierta después de un largo período de restauración, pude reafirmar que ha recuperado el trazo perfecto de sus líneas, que el paso del tiempo le había robado. Hoy se denomina Centro Cultural Dulce María Loynaz y vuelve a cantar el agua de la fuente. En esos mismos días llegó a mis manos el valioso texto de Pérez Avilés, *Pilares de un reino*. En aquel momento quise ver en ambos hechos: el literario y el arquitectónico, algo más que una simple casualidad. Dulce María, su poesía, El Vedado, siguen ahí, en pie, fascinando al resto del mundo. Y Pérez Avilés es testigo principal de esta apasionante experiencia.

José Javier Hernández García
Puerto de la Cruz, a los 30 días de noviembre de 2005

Preliminares

En la década de los ochenta del pasado siglo, una promoción de jóvenes habituados a las lecturas poéticas «descubrieron» a una poetisa que abordaba el tema del amor en forma inusitada, donde el poder de sugerencia no obscurecía el sentido de la original aprehensión de este sentimiento.

¿Quién era esa mujer casta y osada, que bajo su imagen de católica ferviente ocultaba una fuerza y una pasión que la enlazan con poetisas hispanoamericanas de los años veinte, pero con un dominio de la lírica que la consagra como única en el decir poético de su época?

El joven y agudo crítico en ciernes Vicente González Castro se encargó de buscar una respuesta: especializado en el manejo de las cámaras de video con fines didácticos, abordó a la ya anciana Dulce María Loynaz en su residencia del Vedado, quien sorprendida y disgustada en principio por lo que pudo imaginar era solo curiosidad y violación de su intimidad, opuso reparos a la entrevista. Pocas palabras intercambiadas con Vicente bastaron para establecer lazos de empatía que perduraron mientras vivió.

Ese primer video sobre la poetisa fue, asimismo, apertura para el redescubrimiento de quien había sido centro de la vida intelectual habanera sin que su obra fuera suficientemente editada en Cuba, lo cual hizo que trascendiera, con intensidad, a generaciones más jóvenes.

Después vinieron otras incursiones en su mundo poético: su poesía aparecía con sistematicidad en revistas, filmaciones y ediciones de sus obras. Los antiguos amigos relataron anécdotas que revelaban otras aristas de su personalidad: la ironía en el contexto social y el círculo cultural en que se desenvolvía, sus relaciones con Gabriela Mistral, Federico García Lorca, y su vida conyugal con el cronista Pablo Álvarez de Cañas se tornaron motivos recurrentes entre los jóvenes que la seguían, cada vez más deslumbrados.

El estudio de su obra en las aulas universitarias era ineludible; el análisis de sus textos poéticos, imprescindible.

De una promoción de estos estudiantes procede Osmany Pérez Avilés, quien supo apresar el caudal de ternura que se esconde en esta poesía y penetró en sus íntimos rincones para devolvernos a Dulce María más plena, más auténtica como mujer y, sencillamente, irrepetible.

Él se enlaza también con Dulce María por un catolicismo que no los excluye del mundo, donde la sensualidad se pone de manifiesto en la sutileza de las imágenes.

No se queda, sin embargo, en estos límites la apreciación de los valores poéticos que nos entrega el autor de estas páginas. Es en la definición de la arquitectura de la obra de Dulce María donde aporta más esencias. Su análisis no es solo estructural, ni matemático; es el hallazgo de una solución armónica en la que nos ofrece el conjunto acabado del poema, desde sus más recónditas entrañas hasta la total revelación.

Los estudios críticos de Pérez Avilés están concebidos en nueve estaciones que marcan hitos en la producción poética de Dulce María. A estos análisis reflexivos y apasionados los nombra Pilares de un reino.

Para este recorrido, Osmany tiende lazos hacia el saber poético universal, a manera de cuerdas que vibran, tanto en el mundo espiritual del lector avezado como en el del neófito que busca su propia resonancia.

Cuando el autor penetra en el Bestiarium escoge el tratamiento del conejillo donde imaginación, ternura y agudeza logran caracterizar el justificado, pero, a la vez, inicuo procedimiento. Desde este concepto minimalista se revela la antítesis vida-muerte, propia de la poesía mayor de la poeta, aunque mantiene la agudeza del pensamiento que el análisis logra concretar.

Otra perspectiva se ofrece en la tercera estación: «Las redes de una ilusión». El análisis léxico semántico no hace decrecer el hálito poético, sino que refuerza el poder de cada giro para denotar las sensaciones y los sueños.

Paradójico pudiera parecer el enunciado «Religiosidad y erotismo». La naturalidad y osadía que muestra la autora con «San Miguel Arcángel» son percibidas por el estudioso en toda su magnitud. La sugerencia se hace evidente cuando se develan los símbolos y las imágenes entre luces y sombras; no hay duda, lo controversial del poema está en la presencia tangible de la compleja personalidad de Dulce María Loynaz.

Presencia insondable es en ella también la tristeza que se descubre en el tratamiento del mar, que guarda el secreto de su intimidad, de ahí que esta estación sea titulada «Un secreto develado».

Osmany nos conduce con pasos seguros por esta sucesión de instantes que rezuman amor, ternura, deseos, tristezas y esperas en el ámbito de la más genuina poesía.

«Poesía y amor piden paciencia» está dedicada a la prosa. Apreciamos cómo los dos, autora e intérprete, se desplazan por el sutil mundo poético. Dulce María, distanciada de la rima, va en sus Poemas sin nombre hacia la libertad absoluta de su poesía, sin necesidad de despojarse de la armonía e intenso ritmo interior que le nace del esencial dominio de la palabra y el sentimiento. Este último rasgo, el también poeta lo traduce en su análisis: ...el amor surge y crece en el tiempo, y es el dolor la mayor prueba de tal sentimiento [...] la poesía también es el resultado de ese dolor; seguida de la calma que supone concebirla.

Coherentemente con esta perspectiva aparece el tratamiento de la soledad, que es motivo recurrente en la poesía de Dulce María; soledad que siente como parte de sí misma, de ahí que le tema y le añore. Osmany capta esta vacilación y expresa:

La reticencia está presente en la prosa poética. Su utilización presume el aliento entrecortado del hablante lírico, las palabras no pronunciadas, el silencio que sigue al dolor manifestado. La aliteración corresponde con ese tono desgarrador venido del frío de la ventisca, que devora la cabeza de los pinos y refuerza la idea del desfallecido aliento.

Para «Un diálogo intimista» reserva Osmany unos momentos vividos por la poetisa en Tenerife. La amistad que surge entre ella y el pintor don Francisco Bonnín deja fuertes huellas en un capítulo de su libro Un verano en Tenerife, para agradecer las acuarelas que le obsequiara el pintor.

El motivo que resalta el crítico es la rosa, presente además en el paratexto. Él nos revela cómo Bonnín pintaba las rosas que la poetisa habría de llevarse a Cuba y cómo Dulce María estaba en el nacimiento de las que ilustrarían el poema «La oración de la rosa» de su libro Versos, 1920-1938, concedido al pintor en 1947.

La presencia de otra poetisa en este estudio, María Villar Buceta, llena de cierta manera un vacío que algún día deberá ser rectificado por una crítica sabia y justiciera:

> *En el Paseo se evidencia un proceso dual de reconocimiento. La sobria María Villar Buceta parece escuchar por vez primera su voz lírica pronunciada por una voz evocadora, acaso la de José María Chacón y Calvo, el único de los participantes que se menciona en la tarde de recreo. Es el misterioso espejo de su alma que alude Dulce María Loynaz, quien presta especial atención a la carga poética escondida en su amiga.*

Más adelante, Pérez Avilés se pregunta:

> *¿Será ella una de las violetas del Teide eternizada en ese libro de viajes que es Un verano en Tenerife, «la flor más diminuta, más pobre y más escondida [...] en medio de aquel inhóspito océano de piedras cortantes» que tal vez sea el descuido a una vida generosa?*

Otro representante de lo mejor de la lírica cubana ocupa un espacio en la última estación. Hay un reconocimiento implícito por parte del articulista al poeta, que recibimos gracias al contacto epistolar que mantuvieron Dulce María y Emilio Ballagas.

Dulce María se refiere en su carta al poema «Elegía sin nombre», que Ballagas ya había publicado.

En este comentario, Osmany resalta el gusto que se advierte por este poema en la carta de la poetisa y los puntos de contacto que existen entre el poema de Ballagas y el «Poema LXXXVIII» de Dulce María.

Nacidos de una íntima correspondencia se entrelazan varias sensibilidades en este breve, pero fructífero recorrido: un pintor, tres poetas y una pluma atenta a cada íntimo latido.

Alicia Obaya

Introducción

Deleite inusitado contienen los pasos por la obra de Dulce María Loynaz (La Habana, 1902-1997), cuya finitud no es óbice para su presencia, casi tangible por el ejercicio pleno de desentrañar la funcionalidad estética de sus textos.

Ávido lector de sus libros, los que renuevo cada vez que paso una página, asaltan sobre el papel impreso: el amor, el agua, la rosa, la religiosidad, el tiempo... ¡Qué magia tan dulce, qué esencia radiante, qué beldad a flor del verso!

Su primer libro, *Versos, 1920-1938,* recoge una colección de lo escrito durante dieciocho años. Algunos expresan angustia e inquietud, el eco de los modernistas, como Julián del Casal, a quien le une una filiación poética, confesada por la propia poetisa.

En 1920, año en que Alfredo Zayas[1] –pésimo en el ejercicio de la presidencia y de quien se conserva su paciente *Lexicografía antillana*– triunfa en las elecciones, nuestra autora publica sus primeros poemas en el diario *La Nación*[2], mas estos poemas serían marginados *motu proprio* del cuaderno poético, que se publicara en La Habana de 1938.

En su segundo libro, *Juegos de agua. Versos del agua y del amor*, editado en Madrid, en 1947, merece la contemplación, la antes adolecida serenidad, que mucho le permitirá reflexionar en torno a sus *Poemas sin nombre*, dedicados a su madre e inspirados fundamentalmente en el amor, con sus diversos tonos de luz y de sombra.

---

[1] Alfredo de Zayas y Alfonso (La Habana, 1861 – 1934): Cuarto Presidente de la República de Cuba desde 1921 a 1925 (*N. del E.*)

[2] Los poemas marginados por la propia Dulce María Loynaz, publicados primero en el diario *La Nación* con fecha del 1. de marzo de 1920, aparecen en *El áspero sendero*, Ediciones Extramuros, La Habana, 2001. Por su parte, Zaida Capote rectifica la fecha de publicación de esos poemas: 1919, como se lee en Zaida Capote: *Contra el silencio. Otra lectura de la obra de Dulce María Loynaz*, La Habana, Letras Cubanas, 2005, p. 22.

Ella es la poetisa plena, que funde con las cuerdas de la lira la acendrada prosa, el relato, la crónica, el epistolario… ¿Qué texto de la autora no conmueve, no apela siquiera en algún instante a la intensidad lírica?

Toda la obra de Dulce María está impregnada de poesía. Su verso es embriaguez de emoción; la vida, el enigma de una historia que despierta los corazones de quienes abrazamos el mito… *como red tejida con hilos invisibles*.

Ante tamaño placer, la avidez de mostrar a otros el tesoro encontrado se ha convertido en una pasión. El presente libro es el resultado de un análisis lingüístico literario de varios poemas suyos, donde interesa el contexto de la vivencia; es el recorrido por varios textos escritos en diferentes épocas, una incursión en la vida y obra de quien sería el Premio Cervantes de Literatura, en 1992.

Pero la poetisa se nos muestra aquí desprovista de rigores. Esto solo existe en el deseo acertado de igualarse a los clásicos: *…Bien sé que todo tiene su objeto y su motivo: / Que he venido por algo y que por algo vivo*. Ama lo bello, lo indefenso, y a ratos sufre por lo vedado; no obstante, aprender a perder es una lección que ha admitido.

Si de esta propuesta resulta que el lector, interesado en nuestra figura universal, tome cuanto considere interesante para viajar al interior de su canto, sentir la lira penetrando en el corazón, vibrar, en pocas palabras, por los pilares de un reino, afortunadamente nada ha sido en vano.

La palabra digna de nacer

La poesía me pertenece como el oxígeno o como la sangre...
Dulce María Loynaz

Irrefrenable impulso lleva a cruzar la verja, donde la poesía tiene cautivo su misterio. Muchos autores del género, inmersos en el hecho poético, han expresado sus concepciones en relación con el tema. Poe, Baudelaire, Banville son algunos, pero si la definición proviene *del claro y profundo arroyo de poesía*[3] que es Dulce María Loynaz, esa agua de río *...que se está yendo siempre... ¡Y no se va!*, seguramente nos ha de contagiar con la transparencia de su portentosa poética.[4]

El poeta –escribe Virgilio López Lemus en su libro *Aguas tributarias*– tiene la misión de crear (o recrear) el mundo, o de transformarlo, de modo que cada orbe poético es un universo en sí.[5] Sin duda, se trata de una perspectiva creacionista, en la que el poeta, al decir de Vicente Huidobro en su «Arte poética», es un pequeño Dios, cuya impresión se equipara con la auto-proyección que Sartre le concede al hombre en su deseo de ser Dios. Mas esto último solo conduce al fracaso. Huidobro ha empleado sencillamente una metáfora.

Una acepción afín con la del poeta López Lemus la ofrece Dulce María Loynaz: Un poeta es alguien que ve más allá en el mundo circundante y más adentro en el mundo interior. Pero, además, debe unir a esas dos condiciones, una tercera

---

[3] Conde, Carmen (1991): «Una isla que conserva intacto su misterio». En Simón, Pedro: *Dulce María Loynaz. Valoración Múltiple*. La Habana: Ediciones Casa de las Américas y Ediciones Letras Cubanas, p. 105.
[4] Dulce María Loynaz escribió el texto titulado *Mi poesía: autocrítica* a petición de su amigo Raimundo Lazo, cuyas páginas presentó a un grupo de alumnos de la Escuela de Verano de la Universidad de La Habana, en agosto de 1950, en el Lyceum de La Habana. (N. del A.)
[5] López Lemus, Virgilio (2003): *Aguas tributarias*. La Habana: Ediciones Unión, p. 15.

más difícil: hacer ver lo que ve.⁶ Porque en la autora de *Jardín*, la poesía tiene otra dimensión, la realidad invisible; de ahí que ese hacer ver lo que ve solo es posible a través de la comunicación, cuyo factor es esencial para el poeta.

Ante la elección de las palabras —el sistema de signos tomados de la interpretación personal del mundo, donde es válido recurrir a la tradición lírica anterior—, el poeta escribe los versos obedeciendo a su ideal estético y a ...*su gran potencia observadora,*⁷ sin descuidar al receptor, quien ha de reconstruir el significado, el cual acomoda continuamente.

No olvidemos la aguda mirada de Baudelaire: *Hay que ir al fondo de lo desconocido para encontrar lo nuevo*, decía el simbolista, quien, como lo cataloga Arthur Rimbaud, *es el primer vidente, rey de poetas, un verdadero Dios,* cuyo original acierto estriba en su acercamiento, por vez primera en la historia, a la función poética, abordada conscientemente *como conocimiento sistemático de los misterios del alma.*⁸

El poeta, creador de una poética —entendida esta como ese conjunto de principios o reglas, explícitos o no— en consonancia con su gusto estético puede definir lo que es para sí la poesía.

Eliseo Diego, bajo la influencia de *esa enigmática experiencia humana,*⁹ quedó atrapado en su propio atisbo cuando intentaba definirla. Por eso, se interesó por la definición de Gustavo Adolfo Bécquer:

> [...] *Quizás, al fin y al cabo, la mejor definición sea la célebre de la romántica rima según la cual* poesía eres tú *si por tú*

---

⁶ Simón, Pedro (1991): *Dulce María Loynaz. Valoración Múltiple.* La Habana: Ediciones Casa de las Américas y Ediciones Letras Cubanas, p. 81.
⁷ Martí, José (1975): «La poesía». En *Obras Completas,* t. VI. La Habana: Editorial Ciencias Sociales, p. 368.
⁸ Vitier, Cintio (1971): «La rebelión de la poesía». En *Crítica sucesiva.* La Habana: Ediciones Unión, p. 27.
⁹ Diego, Eliseo (1987): «Homenaje». En *Letras Cubanas.* La Habana: Editorial Letras Cubanas, año II, no. 5, julio/septiembre, p. 33.

entendemos, no solo la linda muchacha a quien Gustavo Adolfo Bécquer dijo el requiebro cierta mañana, o tarde, o noche, de su vida ya acabada, sino la realidad en pleno que está en torno nuestro, siempre que la miremos con amor, o con odio, o como sea, pero al modo en que se mira a una mujer cuando le decimos tú con los sentidos bien despiertos.[10]

Cada poeta, como algo inmanente al ser, entiende la poesía según el aspecto que esta tome en sus sentidos. Decir «tú» a esta realidad, cuya esencia *tiene el sentido que camina y la melodía que vuela,*[11] halló para Edgar Allan Poe inspiración en la vigilia; para Baudelaire, expresión de belleza y hastío; y en Banville, una suerte de magia o de hechicería, lo que revela solo escasos ejemplos de cuán variada y misteriosa puede ser la naturaleza de la creación poética:

La poesía es traslación, es movimiento [...] Si la poesía no nace con esta actitud dinámica, es inútil leerla o escribirla: no puede conducir a ningún lado. Es necesario que esta facultad esté enderezada al punto exacto, porque de lo contrario solo lograría caminar sin rumbo y no llegar jamás.[12]

Dulce María otorgó a la poesía una fuerza ciega o enérgica que adquiere movilidad, «enderezada» hacia una meta, limpia de expresión. Esta definición se relaciona, en principio, con la del autor hindú Rabindranath Tagore, quien le otorgaba carácter de infinito. Asimismo, la definición loynaciana, inevitablemente, mueve a citar el poema «Meta»: *Yo seré como el río,*

---

[10] Diego, Eliseo (1987): «Homenaje»..., p. 33.
[11] Tagore, Rabindranath (1985): *Obras escogidas*. La Habana: Editorial Arte y Literatura, p. 418.
[12] Loynaz, Dulce María (1991): «Mi poesía: autocrítica». En Simón, Pedro: *Dulce María Loynaz. Valoración Múltiple*. La Habana: Ediciones Casa de las Américas y Ediciones Letras Cubanas, p. 81.

que se despeña y choca, y salta y se retuerce… ¡Pero llega al mar!,[13] quizás uno de aquellos que intercaló para ampliar sus *Juegos de Agua.*

Nada sobra y nada falta en esta breve prosa poética. La hojarasca, como Dulce María consideró al adjetivo, ha sido podada antes del apego con las palabras, pues *hay que expresarlas sin recurrir a ellos, o recurriendo lo menos posible.*[14] El uso de los verbos connota un movimiento raudo y vigoroso. El agua del río al final llega al mar. Este símil resume el alcance de su pensamiento.

Reflexiva cuanto soñadora, el talento en Dulce María va del verso a la prosa, pues la lira no abandona su horizonte de imágenes y metáforas, cualquiera que sea la forma de expresión. Su voluntad de escribir bien está impulsada por el don, que es innato; he aquí el «rango de milagro», cuyo ministerio ha de ser el noble servicio de escribir poesía.

Dulce María apunta que la poesía *debe tener igualmente instinto de la altura;*[15] esto es no quedarse en el arbusto, sino crecer hasta igualarse con el árbol… *con agilidad y precisión, de lo contrario perderá el impulso original antes de alcanzar la meta.*[16] No debe adornarse, porque los aditamentos frenan la celeridad de ese crecimiento. Tampoco ser oscura, ni descuidar el mensaje destinado al público, aunque nuestra poetisa, a pesar de los esfuerzos por impedirlo, haya reconocido en su bregar literario a la luna, *con una mitad en la sombra, que nunca —¿nunca?— podrá verse desde la Tierra.*[17] Resulta atrayente cómo dentro de la realidad, la aprehensión estética —quizás la más importante para la verdad poética,

---

[13] Loynaz, Dulce María (2002): *Poesía*. La Habana: Editorial Letras Cubanas, p. 83.
[14] Loynaz, Dulce María (1991): «Mi poesía: autocrítica»…, p. 95.
[15] Ibídem, p. 81
[16] Ibídem, p. 82.
[17] Conde, Carmen (1991): «Una isla que conserva intacto su misterio»…, p. 104.

entre las aprehensiones práctica y científica– permite a Dulce María expresarse mediante lo emotivo, lo sensorial y lo intelectivo; resortes que no se encuentran separados de su personalidad poética.

¿Cuál de estas capacidades predomina en los diferentes momentos del conjunto de su obra? En *Versos, 1920-1938* prevalece lo emotivo, con el grifo de íntimas esencias; en los *Juegos de agua*, fascinados por el oído y la vista, nos conduce por el rumbo de la senso-percepción, donde nos confiamos a su juego acuífero-imaginativo; en *Poemas sin nombre* nos entrega una poesía propiamente intelectiva. No obstante, las tres capacidades de la aprehensión estética, resultado de la inteligencia de la realidad, se aprecian en toda su obra.

Otras alusiones de *poesías* se reflejan en sus textos; por ejemplo, en el «Poema CXII», el concepto se enlaza con el dolor; la libertad expresiva «En mi verso soy libre», y la síntesis en el «Poema CXI»[18]. Del mismo modo se devela su oposición con la oscuridad del verso en la opinión encontrada en una de las epístolas dirigidas a Emilio Ballagas.

Ahora el público le sonríe y la aplaude. Tal vez comprende que la poesía nace también de la inteligencia, el talento y el don de Dulce María, quien aseguró que nunca se propuso escribir versos sobre un tema específico. Mientras la imagino complacida, aclamada en el Lyceum de La Habana por la selecta concurrencia, creo entender por qué ha dicho que *escribir no es cosa fácil en mí*[19]. La poesía es la gracia del instante, un instante puro de sensibilidades. Pero ese instante de creación es doloroso. La voz de Dulce María aún resuena con absoluta precisión,

---

[18] «He ido descortezando tanto mi poesía, que llegué a la semilla sin probarle la pulpa». *(Poemas sin nombre)*.
[19] Loynaz, Dulce María (1991): «Mi poesía: autocrítica» …, p. 97.

como un eco que viene del lejano agosto de 1950: *sólo con sangre y con espíritu es la palabra digna de nacer.*[20]

---

[20] Ibídem.

El conejillo de Bestiarium

Usted es amiga de los animales, pero preferentemente de los perros, son sus fieles guardianes, sus amigos sin declive.
Aldo Martínez Malo

El vocablo latino *Bestiarium*, que da título a la pequeña colección de poemas escritos por Dulce María Loynaz cuando era estudiante de bachillerato, se involucra muy bien con el nombre de aquellas páginas, que mucho tiempo después fueron leídas a un grupo de amigos «a modo de divertimento».
Dulce María era suspendida de la asignatura de Historia Natural. El examen oral lo había respondido sin dificultad, pero no había presentado los cuadernos exigidos por puro desconocimiento, lo cual le valió un suspenso, el único en su época de estudiante.
La entonces poetisa en ciernes prepararía los cuadernillos, describiendo veinte ejemplares del reino animal, veinte del vegetal y veinte del mineral (como le habían propuesto para una segunda oportunidad), pero lo haría en verso.
Esa sería su venganza, la cual, si no hubiera sido por un catedrático amigo de la familia, quien intervino en el rescate de la divertida e ingeniosa broma, le hubiera ocasionado dificultades con aquellos profesores, muy severos en su ministerio.
Solo uno de los tres cuadernos logró salvarse de la adusta mano del tiempo: los veinte poemas dedicados al reino animal. De este cuaderno *sui generis*, publicado en el año 1991, llama la atención la forma sintética y efectiva de mostrar los animales, por ejemplo, cuando enhebra la imagen poética con el rinoceronte, que sueña un pesado sueño milenario; el cocuyo, lámpara de aceite y sin final; la araña, que ata con sus hilos las tristezas cotidianas...
La *Lección décimo séptima*, depurada y con un carácter narrativo, nos acerca a la joven Dulce María, quien aparece sensibilizada con el destino del conejillo de Indias, alimentado por

el hombre calvo para darle muerte *a posteriori* con una aguja. En el análisis de este texto resulta de gran utilidad la teoría actancial (creada por Lucien Tesnière y seguida por Greimas), a más de otras categorías que propone la profesora Élida Grass en su libro *Textos y abordajes* para el análisis semio-narrativo del texto lírico.

El actante destinador o sujeto, el que realiza la acción perjudicial, es el «hombre calvo». Él alimenta, mira el objeto de su deseo o actante destinatario, que es el conejillo de Indias, quien recibe el perjuicio de morir en manos de ese hombre con un ayudante: la aguja, en su propósito de hincar y matar.

Como se ha expresado, estamos en presencia de un poema narrativo, por lo que puede percibirse esta estructura (introducción, nudo y desenlace):

Lección décimo séptima
«Cavia Aperea»
(Curiel o conejillo de Indias)

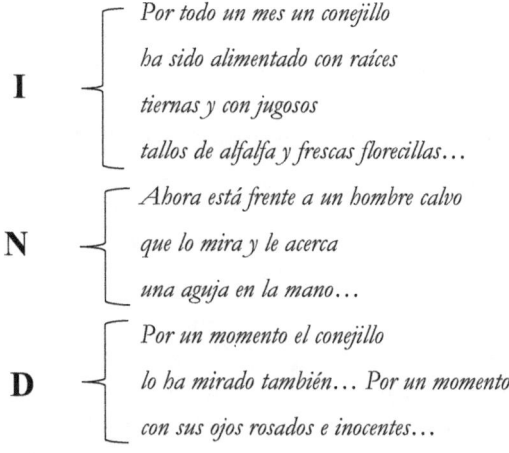

I
- *Por todo un mes un conejillo*
- *ha sido alimentado con raíces*
- *tiernas y con jugosos*
- *tallos de alfalfa y frescas florecillas...*

N
- *Ahora está frente a un hombre calvo*
- *que lo mira y le acerca*
- *una aguja en la mano...*

D
- *Por un momento el conejillo*
- *lo ha mirado también... Por un momento*
- *con sus ojos rosados e inocentes...*

Al principio del texto, el actante sujeto (el hombre calvo) y el actante objeto (el conejillo de Indias) se encuentran en una relación de disyunción. No obstante, el texto concluye con el deseo cumplido, sujeto y objeto encuentran un estado de conjunción. La fuerza temática que conduce a la acción del sujeto es el autobeneficio. Sin percatarse del daño que pueda ocasionar, el perjuicio del hombre está en los experimentos a que es sometida esta especie, mas no es la primera vez que la poetisa se opone a esta actitud. Amiga de los animales, en la *Lección octava* dedicada a la mariposa, acusa al «hombre feo», el entomólogo, y en el poema que nos ocupa, al «hombre calvo», frase peyorativa que utiliza para referirse al científico.

En la *Lección décimo octava*, el oso pardo baila con un traje de lentejuelas y un gorro, mientras el hombre toca el órgano. De forma progresiva, la poetisa va instaurando una situación final. Es el odio el que baila y el hombre permanece tocando un foxtrot. La palabra *todavía* modifica la aparente concordia y exterioriza el peligro. En el argumento, el oso no será quien sufra esa eventualidad.

Como en toda narración, el desarrollo de la trama supone una transformación de los acontecimientos. En la *Lección décimo séptima*, ese enunciado transformacional se encuentra en la primera oración, donde se avizora el cruel destino del conejillo, por medio de la reticencia. La intención no es otra que permitirle al lector inferir, descubrir la muerte inevitable del animalito, expuesta a través de este recurso en los tres momentos del relato.

La oposición temática característica es la de vida-muerte. En estos versos, el conejillo se nos presenta sano, pero «por un momento», pues la aguja en la mano supone la muerte del mamífero, tema de este texto.

Es un poema de estilo eminentemente nominal. La función conativa predomina por encima de la función estética; sus versos emotivos denuncian la controversia que yace entre líneas, el interés por la reacción del interlocutor contra el desprendimiento de una vida.

¿Aflorará la negación en el lector? Únanse a Dulce María, quien da de comer las frescas flores a estos inocuos seres, desde la profundidad de los prados.

Las redes de una ilusión

Allí se leían clásicos y modernos, dábamos a conocer lo último que habíamos escrito; se comentaban artistas, autores, libros y también se soñaba...
Dulce María Loynaz

Cuando Dulce María Loynaz escribió el poema «Yo quería tus ojos claros...», realizaba en su casa animadas tertulias a las que les dio el nombre de *juevinas*. A estos encuentros asistía una gran pléyade de personalidades conocedoras del buen arte, entre las que se encontraban Juan Ramón Jiménez y su esposa Zenobia Camprubí, Alejo Carpentier y su madre, José María Chacón y Calvo, Emilio Ballagas, entre muchos otros.

El texto aparecería publicado en una colección de poemas titulada *Finas redes,* por Ediciones Hermanos Loynaz, en el año 1993, donde la variedad formal va desde el verso libre hasta poemas en prosa, como el que nos ocupa:

Yo quería tus ojos claros para prenderlos en mi pelo negro con un alfiler de oro.
Yo quería tus ojos claros para sembrarlos en mi jardín y recoger en la primavera próxima, una cosecha de estrellas. Yo quería tus ojos claros para tirarlos y recogerlos en el aire como hacen los malabaristas del circo con sus bolas de cristal. Pero tú te pusiste serio y me hablaste de algo seguramente muy triste, que yo no entendí bien.
Luego cayó la tarde y los dos elegimos el mar.

La poetisa desea los ojos del pintor ruso Yunkers,[21] quien, según Dulce María, era un hombre muy atrayente[22] y tenía fascinados a los asistentes de las ya mencionadas *juevinas*.

El poema comienza con una oración desiderativa, donde predominan los sustantivos. La autora nombra las intenciones de su deseo. En ese intento, la presencia del paisaje natural como elemento romántico se descubre a través del jardín, donde ella y sus hermanos han construido un micromundo; la primavera, que indica el renacimiento, el esplendor de la naturaleza y de sus seres vivos; las estrellas, la vinculación con los astros y de una presencia celeste; la tarde, acaso el momento del encuentro; y el mar, sitio evocador de gran parte de su poesía.

Una oposición léxico-semántica se clarifica en los adjetivos *claros* y *negro*. Uno se refiere a los ojos e implica luz; y otro, al sustantivo *pelo* e implica oscuridad, contraste figurativo que recurre en su poesía, casi siempre intimista.

La mera recurrencia léxica de la expresión *yo quería tus ojos claros*, a su vez, enunciado clave dentro del texto, favorece el tono apasionado del poema, a cuya expresión le siguen oraciones subordinadas adverbiales de finalidad, precedidas por la preposición que facilita el curso expresivo de los sentimientos.

para {
prenderlos en mi pelo negro con un alfiler de oro
sembrarlos en mi jardín
recoger en la primavera próxima una cosecha de estrellas
tirarlos y recogerlos en el aire
}

---

[21] Adja Yunkers (Riga, 1900 - Nueva York, 1983): Pintor ruso exiliado en los años veinte. (*N. del E.*)
[22] Malo, Aldo Martínez (1993): *Confesiones de Dulce María Loynaz*. Pinar del Río: Ediciones Hermanos Loynaz, p. 59.

La oración adverbial comparativa *como hacen los malabaristas del circo con sus bolas de cristal* hace referencia a dos infinitivos opuestos según el sentido (tirarlos/recogerlos). Esta y otras subordinadas le confieren movimiento a esa bola de cristal. Hay partes de la oración o categorías gramaticales que desarticulan su deseo. La forma verbal *quería* produce un efecto de acción transcurrida en el pasado, aunque con cierta durabilidad en este. Luego el conectivo pragmático *pero*, una conjunción adversativa, demuestra la disgregación contra la voluntad de la poetisa, a más de los adjetivos *triste* y *serio*, que nada tienen que ver con el estado de satisfacción tan añorado, sin embargo, hay una manifestación de aceptar las nuevas circunstancias; de ahí que al caer la tarde los dos elijan el mar.

El lenguaje amoroso de esta prosa poética, escrita de una manera coloquial, expresa el interés de la joven Dulce María por el hombre de bellos ojos (que recuerda al personaje de mar que se verá en su novela *Jardín*), los que —aún en primavera, ante la perdurabilidad de su obra— permanecen bajo las redes de una ilusión.

Religiosidad y erotismo

> *Aún voy a añadir, tal vez para sorpresa de muchos, que aquellos siete años que duró mi matrimonio y mi reclusión en una preciosa quinta colonial llamada La Belinda, en medio de una gran paz y en pleno contacto con la naturaleza, fueron siete años perfectos.*
> Dulce María Loynaz

En el año 1938 fue editado en Cuba el primer libro de Dulce María Loynaz, titulado *Versos*. En él, la intelectual cubana hizo una selección de cuarenta y cinco poemas escritos entre 1920 y 1938.

Fue un libro que *pasó sin pena ni gloria,*[23] según la propia poetisa, y no tuvo la aceptación y el reconocimiento que, andando el tiempo, recibiera en Madrid, luego de otra publicación *sin retoque alguno*[24] realizada en esa capital.

Esta colección de versos *encierra en la concisión del título la esencia misma de su contenido,*[25] distingue a la mujer joven. Ella, casada en el invierno de 1937, filtra en el poema «San Miguel Arcángel» una experiencia de amor.

Siempre que atardece la luminosidad natural va perdiendo la fuerza que el sol le regala al día. Este poema se desarrolla al caer la tarde, cuando las sombras toman poco a poco su espacio. En los cuatro primeros versos se descubre este enunciado:

> *Por la tarde,*
> *a contraluz,*
> *te pareces*
> *a San Miguel Arcángel.*

---

[23] Martínez Malo, Aldo (1993): *Confesiones...*, p. 58.
[24] Ibídem.
[25] Mateo, María Asunción (1993): «Palabras introductorias». En Loynaz, Dulce María. *Antología Lírica*. Madrid, p. 26.

Puede observarse cómo a través de un hipérbaton, la poetisa establece una comparación. Compara a una persona, que seguramente ha ganado su simpatía y afecto, con el ángel Miguel: su primo Enrique de Quesada y Loynaz. Enrique fue durante varios años, siete para ser exacto, esposo de Dulce María Loynaz. Él le inspiró algunos de sus mejores poemas, entre los que se encuentra «San Miguel Arcángel», donde lo describe mediante imágenes muy elocuentes:

> *Cuando arde*
> *la tarde*
> *desciendes sobre mí*
> *serenamente;*
> *desciendes sobre mí,*
> *hermoso y grande*
> *como un Arcángel.*

Esta oración adverbial de tiempo anuncia la llegada de la noche por medio de una encantadora imagen que nos conduce al más hermoso recuerdo que posee un humano de la puesta del sol. Ese es el momento en que se abren las puertas a la intimidad amorosa. La forma verbal *desciendes* –al igual que el resto de las acciones de este poema– es utilizada para dar el indicio de una acción real llevada a efecto en ese instante. Esta forma verbal se repite a modo de anáfora, acaso para consignar un matiz sobrenatural a la acción de bajar. El adverbio *serenamente* muestra el modo seductor en que obra ese varón; el símil, el éxtasis profundo en que ella emerge a la vitalidad de tamaño hombre bello. El uso de la mayúscula en el sustantivo *arcángel* destaca la adoración y el respeto que siente por Enrique la gran dama de América.[26]

No es desconocida para nadie la personalidad erudita de la escritora. Considerada una católica, en su obra se entrevé su pensamiento religioso («Señor que lo quisiste...», «La oración de la rosa», «Noé», «La neblina», «La novia de Lázaro»), con lo cual puede afirmarse que fue la Biblia una de sus innumerables lecturas. Al final de este poema se advierte la hazaña que en Apocalipsis 12:7-12 se narra:

> *Arcángel San Miguel,*
> *con tu lanza relampagueante*
> *clava a tus pies de bronce*
> *el demonio escondido*
> *que me chupa la sangre...*

Pero la poetisa escapó más allá del color de su tinta: en una visita realizada a la Parroquia de Santa Clara, admiración y júbilo se siente ante la sorpresa de hallar ciertas antigüedades que donara al recinto eclesial, particularmente interesantes a causa de un precioso arcángel mexicano que en la sacristía de ese lugar se encuentra. En pintura original, esa imagen del siglo XVII o XVIII fue traída de México para un coleccionista privado. Al contemplar sus 110 centímetros de altura surge una interrogante: ¿Se inspiraría de algún modo en esta imagen al escribir «San Miguel Arcángel»? Aunque es un misterio casi imposible de aclarar, satisface saber que aquellas piezas –en las que incluye una rinconera del siglo XVIII perteneciente a su familia– son fieles exponentes de la devoción

---

[26] Así calificó Juan Carlos I, rey de España, a Dulce María Loynaz, al entregarle la medalla del Premio Miguel de Cervantes de Literatura, en la Universidad de Alcalá de Henares, el 23 de abril de 1993.

de Dulce María Loynaz a la Iglesia de Santa Clara de Lawton.[27]

Una pintura de Jaume Huguet,[28] exhibida en el Museo Nacional de Bellas Artes, conserva el *angelus fortis*. Bautizada con el nombre de «San Miguel Arcángel, San Juan Bautista y San Pablo Ermitaño», en ella es representado con estos santos. Vestido de completa armadura, en su mano derecha lleva una lanza y tiene bajo sus pies al demonio vencido. Es la tradición de la Iglesia recogida de este pasaje bíblico.

Sin embargo, la poetisa recrea esta historia tomada de las Sagradas Escrituras. Su mérito está en que ella hace su propia historia. Primero utiliza el vocativo para llamar la atención del arcángel Miguel, cuyo receptor alocutorio (receptor directo) es Enrique, a quien le pide un deseo. La mera recurrencia léxica que se evidencia en *arcángel*, utilizado ahora como vocativo, es un medio cohesivo dentro del texto. Más adelante menciona la lanza, el instrumento de guerra, el arma afilada que portaba el día en que venció al dragón (demonio), expulsándolo del Cielo. Con ella quiere la autora que su ángel, *de piernas brillantes como bronce pulido* (Daniel 10:6 BL), derribe a su propio demonio que la consume dejándola apenas sin palabras. El uso de la reticencia lo indica.

Pero visto de esta forma, sin indagar más, sin cuestionarse quién es el demonio..., sería una hermenéutica superficial. Detrás de la hazaña de San Miguel, de la evocación y los signos de guerra, hay un mensaje erótico. Por

---

[27] Según William Gattorno Rangel, amigo de Dulce María Loynaz, la poetisa donó la capilla de Santa Bárbara, que poseía su casa de Línea, a una iglesia de Sancti Spíritus. Estos objetos, en la distante provincia, son una revelación por el culto de esta mujer a la santa, de quien tomó el nombre para el personaje protagónico de la novela *Jardín*, y del que aseguró posteriormente ser ella misma. (N. del A.)

[28] Jaume Huguet (Valls, 1412 - Barcelona, 1492): Pintor gótico español. (*N. del E.*)

eso, cabe preguntarse: ¿No podría ser la lanza del *ángel*, masculinidad impetuosa a pesar de que estos seres creados no presentan sexo? ¿No podría ser el demonio de Dulce María Loynaz el infierno que inquietara a la Alibech de Boccaccio[29] cuando ingenua encontrara la redención en el desierto? ¿Buscará el hablante lírico la redención de ese demonio que la fatiga, al término de dejarla sin palabras?...

Este poema es sumamente erótico, incluso atrevido para una mujer de su época, porque el tema elegido es el amor en la intimidad, abordado de una de las maneras más bellas de la expresión, razón por la cual las funciones comunicativas del lenguaje que más se destacan son la función poética y la función emotiva. A través de un referente se vale de los recursos literarios propios del lenguaje poético (con ellos sugiere), y en cada palabra evidencia el desbordamiento de la pasión acentuado por la aliteración, que contribuye a la idea de la brasa del amor.

La inflexión final de la voz también es un marcador para medir el tono efusivo de *la amada en el Amado transformada*:[30]

---

[29] Boccaccio, Giovanni (1974): *Decamerón*. La Habana, p. 261.
[30] De la Cruz, San Juan (1994): *Obras Completas*. Madrid, pp. 106-107.

San Miguel Arcángel

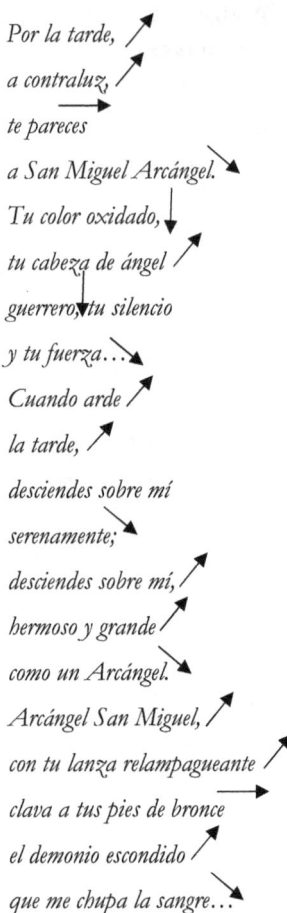

Por la tarde,
a contraluz,
te pareces
a San Miguel Arcángel.
Tu color oxidado,
tu cabeza de ángel
guerrero, tu silencio
y tu fuerza...
Cuando arde
la tarde,
desciendes sobre mí
serenamente;
desciendes sobre mí,
hermoso y grande
como un Arcángel.
Arcángel San Miguel,
con tu lanza relampagueante
clava a tus pies de bronce
el demonio escondido
que me chupa la sangre...

Comparto la observación que ha hecho Alicia G. R. Aldaya:

> *El poema recoge el estremecimiento ante lo que parece considerarse apetitos oscuros, deseos inconfesables, el «demonio escondido» y la exhortación adquiere una contradictoria dualidad: apelar a una superior fuerza espiritual religiosa que*

venza al maleficio, y de ruego al amado para que satisfaga lo que surge de la zona de sombras. San Miguel *es el arquetipo del héroe, amado y arcángel en este caso, que redimirá a la cautiva de un enemigo a quien teme rendirse porque la atrae y subyuga.*[31]

La poetisa sorprende con los versos finales, ya que el lector, expuesto a su religiosidad, toma este título en sus manos pensando que se trata de un poema exclusivamente religioso. Los versos finales, como ya se dijo, están cargados de erotismo, presentan con fuerza notable una imagen muy sensual de su amado, a quien por su atractivo personal ha llegado a comparar con San Miguel Arcángel.

La lanza relampagueante nombrada por la poetisa hace recordar a «Preciosa y el aire», de Federico García Lorca, poema en el cual el viento verde persigue a la gitana *con una espada caliente.*[32]

A pesar de que el recurso cambia, la intención comunicativa continúa siendo la misma, brindar una imagen del sexo masculino. Imagino la posibilidad de que el poema de Lorca haya ejercido alguna influencia en el escrito por Dulce María Loynaz (piénsese en la amistad que unió al autor del *Romancero gitano* con la familia Loynaz, en la admiración que sentía ella por la obra del poeta granadino), pero esto es solo una conjetura.[33]

La excepcionalidad del poema consiste en la habilidad de conjugar una historia de carácter sacro y otra, eminente-

---

[31] Aldaya, Alicia G. R. (1991): «De la negación a la afirmación: "Eros" y "Ágape", en versos de Dulce María Loynaz». En Simón, Pedro: *Dulce María Loynaz. Valoración múltiple.* La Habana: Ediciones Casa de las Américas y Ediciones Letras Cubanas, p. 287.
[32] García Lorca, Federico (1953): *Romancero gitano.* Buenos Aires, p. 15.
[33] Otro coincidente motivo que denota sensualidad es el poema «San Miguel», también de *Romancero gitano,* donde el Arcángel *en la alcoba de su torre / enseña sus bellos muslos / ceñidos por los faroles.* (N. del A.)

mente, profana. En esa congruencia, estampada de un erotismo divino, fascinante elemento estético donde las figuras literarias tienen una enorme importancia, está la maestría de su autora. Tras la lectura de estos versos es preciso rendir ante ellos –como debió hacerlo Enrique– el testimonio sincero de una eterna gratitud.

Un secreto develado

> *Conocí el primer amor a través de un hilo telefónico, a través de una voz desconocida que venía por aquel hilo y que habría de convertirse con el tiempo en el «fantasma de mi oído».*
> Dulce María Loynaz

«Cuando vayamos al mar...», poema de Dulce María Loynaz que aparece recogido en su libro *Juegos de agua. Versos del agua y del amor,* publicado por primera vez en el año 1947, en Madrid, es la experiencia viva de una mujer que no pudo tener hijos. En ese año, la poetisa se encontraba casada con un periodista que había sido el gran amor de su juventud y solo en la madurez de sus vidas el destino hizo posible que se unieran en matrimonio. Para él será la dedicatoria del libro: «Para Pablo Álvarez de Cañas, en vez del hijo que él quería».

Confesar un secreto resulta en muchísimas ocasiones una situación muy difícil. La poetisa ha escogido el lugar idóneo para decir el suyo: el mar.

> *Cuando vayamos al mar*
> *yo te diré mi secreto...*

Este sitio de extraordinaria inmensidad en todas las personas genera paz, la que busca ella una vez que decide romper con el silencio.

La forma verbal *vayamos*, al inicio del poema, supone la presencia de un receptor alocutorio, que es nada menos que su esposo Pablo. Esta forma verbal expresa una duda de cómo el oyente recibirá sus palabras.

Al parecer, el momento en que Dulce María Loynaz escribe estos versos se sitúa cuando ella está por confesarle su recurrente tristeza. Hay naturalmente miedo dentro de la poetisa: teme a la reacción de su enamorado, que entonces es su novio y ha cumplido los cincuenta y tres años en una larga espera para estar a su lado.

Pero la forma verbal *vayamos* también indica necesidad, deseo de confesarse para descubrir el alivio que surge al decir una verdad oculta, una verdad que pesa y duele, como es el disgusto de la esterilidad para una mujer.

En el segundo verso aparece la forma verbal *diré*, la cual permite discernir que la determinación de la poetisa es real, y ello refuerza las ideas planteadas con anterioridad.

Estos dos versos, que luego volverán a verse en el poema, conforman una oración adverbial de tiempo. Solo si van al mar –la persona elegida y la autora– podrá realizarse el milagro en la confesión de un secreto.

Luego el *se* reflexivo no puede deslindarse de la forma verbal *parece*, la cual es utilizada para comparar el secreto con la ola y la sal.

Mi secreto se parece
a la ola y a la sal.

La ola y la sal no aparecen personificadas, por el contrario, son retratadas en su naturaleza real. La ola es hermosa y llega a la costa henchida de energía. La sal incentiva, por su infinito valor, la vida del hombre. El secreto de la poetisa parece ir en retroceso a los reconocidos valores de la sal y la ola.

Ya en estos versos se advierte la presencia de la consonante líquida *l* y la vibrante *r*, que acompañarán a todo el poema de manera que el lector cree escuchar el sonido del mar.

Nuevamente aparece la oración adverbial de tiempo y, convertida en anáfora, concede ritmo y musicalidad al texto:

Cuando vayamos al mar
te lo diré sin palabras:

Vuelve a apreciarse el temor, la inseguridad del sujeto lírico que busca un destino, un reclamo del corazón a través de la pena.

El texto es rico en imágenes que se superponen a la metáfora. La siguiente imagen indica la aparente impasibilidad del fondo del mar, adonde no llega el ruido humano, donde nadie más, salvo Pablo, podrá escuchar su confesión.

Por bajo del agua quieta,
desdibujado y fugaz,
mi secreto pasará...

Aquí se observa la inconfesión –ese sentido de no revelación–, aunque su temor desea que llegue sin tempestades. A pesar de todo, añora la quietud, el remanso. Entrecortada, con dificultad y angustia y muy de prisa, vendrá de sus labios la palabra escondida.

A continuación, hay una fuga, una evasión de la acción de confesar su secreto. La poetisa ansía eludir ese momento clímax, y al unísono prefiere que este sea veloz.

Hay presencia además de símiles:

como un reflejo del agua
como una rama de algas

El reflejo del agua es generalmente limpio, claro, nítido. Así será la revelación de la autora.

Las algas yacen en el fondo del mar, tranquilas, serenas. Como las algas, el secreto de la autora no ha salido a la superficie, y es, precisamente, un hombre, quien hará posible que salga de la profundidad donde se encuentra.

Las flores son hermosas, y más lo son cuando son reales y tienen vida.

entre flores de cristal...

Las flores son de cristal, o sea, artificiales, carecen de vida. Son frágiles, delicadas, y sin vida como ese secreto. La reticencia, otro elemento importante que aparece tres o cuatro veces en el poema, se aprecia en este verso, e indica la concurrencia de palabras que están a punta de labios y no se han dicho.

En los últimos versos de la primera estrofa, desde el punto de vista semántico, la rama de algas se opone a las flores de cristal. Una, representa el espíritu; la otra, la ausencia de este, el artificio.

Posteriormente aparece la oración adverbial de tiempo, recurrencia sintáctica dentro del texto que funciona, además, como un medio cohesivo y es motivo de marco en el poema debido a que encierra el fenómeno, la situación abordada.

Cuando vayamos al mar
yo te diré mi secreto

Bien podría compararse estos versos con el estribillo de una canción, que se repite, quizás para enfatizar o para recalcar el elegido instante cuando dirá parte de su yo interno.

La ola y la sal, otra vez estos motivos recurrentes símbolos del poema, serán los testigos en el escenario de una confesión junto al mar.

Me envuelve, pero no es ola...
me amarga..., pero no es sal...

El secreto de la poetisa —al igual que la ola y la sal— está delante de los ojos de este hombre: es parte de la naturaleza de la autora, es toda ella, y por eso la envuelve; sin embargo, es además agrio, ácido, amargo, dañino. Su secreto, como la sal, corroe dentro.

En el poema se perciben dos temas: el tema literal (que salta a la vista, se vivencia con facilidad), y el tema conceptual (el que requiere de un conocimiento del contexto, de la historia del autor, de un esfuerzo intelectual superior para conceptuar el aspecto tomado de la realidad). El primer tema es, sin duda, el secreto, y el segundo, la infertilidad.

Los motivos que se clarifican del texto son los que se manifiestan en el recuadro siguiente:

Motivo principal	Motivos secundarios	Motivo de marco	Leit motiv
La infertilidad	-La ola -La sal	Cuando vayamos al mar…	El secreto

Obsérvese ahora la curva melódica de la voz representada por las saetas. Curiosamente podemos divisar en ellas el balanceo de las olas del mar. Unas son más pequeñas que otras. Véase a partir del verso número siete cómo se alza una ola muy grande que se despeña en el último verso de la primera estrofa:

Cuando vayamos al mar

Cuando vayamos al mar
yo te diré mi secreto...
mi secreto se parece
a la ola y a la sal.
Cuando vayamos al mar
te lo diré sin palabras:
por bajo del agua quieta,
desdibujado y fugaz,
mi secreto pasará
como un reflejo del agua,
como una rama de algas
entre flores de cristal...

Cuando vayamos al mar
yo te diré mi secreto:
me envuelve, pero no es ola...
me amarga..., pero no es sal...

    En contraste con el vocabulario empleado, rico en figuras literarias (de ahí que haya preciosas imágenes metafóricas, utilización de símbolos, símiles, aliteraciones), el tono utilizado en estas estrofas es coloquial, porque la poetisa conversa con su amado.

    Pienso que este poema marca un momento trascendental en la vida de Dulce María Loynaz. Dios creó la naturaleza, la vida, e hizo al hombre y a la mujer para que se juntaran y fueran felices, pero la poetisa había fracasado en su matrimonio con Enrique y se encontraba sola. Confesarle a Pablo que no podía tener hijos era como advertirle de su limitación. Si él la quería de veras debía aceptarla, comprenderla, amarla con sus virtudes e imperfecciones. Y saberlo antes de que se casaran era fundamental para evitar desencantos y arrepentimientos que hirieran a los amantes.

Sobre este penoso asunto de la imposibilidad para la procreación de Dulce María han escrito algunos autores estudiosos de su vida, dado que el problema de la esterilidad es un callado dolor que se desata en «Canto a una mujer estéril», un poema que recoge los sentimientos de una mujer en tal condición. Pero este poema, que refleja los sentimientos de infortunio que siente una mujer infértil, fue escrito cuando ella era apenas una joven, sin imaginarse siquiera que estaba escribiendo su más terrible premonición.

Imagino que Pablo se sentiría un hombre feliz. La falta de un hijo era recompensada con el amor hacia su esposa. Ella, madre del verso, le entregaba a cambio sus hijos más maravillosos, esos poemas rebosantes de encanto.

«Cuando vayamos al mar...» puede decirse que es un poema de tono melancólico y tropos insuperables, atrapa al lector con la magia de su secreto, venido de las vivencias de la autora. Dulce María escogió un secreto, práctica de hombres y mujeres, circunstancia por la cual estos versos han adquirido un carácter universal.

Poesía y amor piden paciencia

Tú tienes la gracia de la poesía. No huyas al dolor del parto luminoso del verso, yendo a la prosa con pretexto de descanso. Nuestro destino es cantar llorando.
Palabras de Gabriela Mistral a Dulce María Loynaz

Dulce María Loynaz no fue a la prosa con pretexto de descanso, pues su talento lírico emanaba doquiera que la poetisa deslizara el puño sobre la hoja virgen para trascender, siempre fresca y perdurable con la palabra.

No hay dudas de que los *Poemas sin nombre*, al decir de Azorín, son versos de meditación y concentración y de una belleza realmente excepcional. Este poemario, publicado en Madrid, en 1953, que dedicó a su madre (Apéndice 1), muestra a una mujer pletórica de un profundo pensamiento espiritual. Aseveración constatada en el Poema CXVII:

Poesía y amor piden paciencia. Amor es espera y sajadura. Poesía es sajadura y espera. Y los dos, una vigilia dolorosa por unas gotas de resina...
Esa preciosa, aromática resina que sólo cae muy lentamente, mientras arriba el sol o la ventisca devora la cabeza de los pinos.

El amor surge y crece en el tiempo y es el dolor la mayor prueba de tal sentimiento, sin embargo, la poesía también es el resultado de ese dolor, seguida de la calma que supone concebirla.

El retruécano tiene en esta prosa, además de su valor como figura literaria y constituir un intento definitorio de ambos sustantivos, un alcance mayor, que consiste en situar el orden en que se dan cada uno de estos.

Muchos sabemos que la vivencia amorosa de Dulce María Loynaz fue, sobre todo, a la sombra de la espera. Ella misma lo diría en la entrevista que le concediera a su amigo Aldo

Martínez Malo cuando hablara de su amado Pablo: ...*y de este largo medio siglo solo habíamos pasado juntos menos de tres lustros, es decir, una cuarta parte del tiempo transcurrido entre los dos.*[34] Entonces, no extrañemos que defina el amor de este modo, pues son las palabras evocadoras de la realidad y esta sensible mujer escribía conforme vivía su experiencia.

Tarde en la noche, despierta, imaginando la huella del árbol como resultado de una incisión, la resina es aquí un símbolo, cuya materia pueda ser el dolor del parto luminoso del verso, como dijera Gabriela Mistral, justamente a partir de una huella marcada por la experiencia del amor que permanece despierto. El poema identificado por el número LXXIII (*¿Y esa luz? / – Es tu sombra...*), indica esa aceptación de las virtudes y faltas del ser amado, aunque las últimas duelan porque nadie las desea. Por eso, usa los adjetivos *preciosa* y *aromática* para referirse a la resina.

Bien que en ocasiones sufra, todo lo que puede el amor, cuyo sentimiento sabe, por la educación recibida, que *...todo lo espera, todo lo soporta* (1 Corintios, 13:7 RVR1960), expresión de una actitud cristiana ante la vida, que deriva en mentalidad humanista, por cuanto la energía poética se encuentra en ella como un don.

En las líneas finales se vislumbra una semejanza. El amor eleva el espíritu; la naturaleza, los pinos. He ahí una relación que tiene como centro a la autora. Tal es el amor, escribe José Martí: *...crece como los pinos, crece como las palmas. Y desde lo alto de él se ve pequeño el mundo.*[35] Quizás Dulce María, desde la luz del sol y la nieve de la ventisca, en lo empinado del amor, lo observa de ese modo.

Pienso que este poema, un tanto hermético, en el que predomina la conceptualización, es sobre todo filosófico, por el tratamiento dado y los motivos que lo inspiran.

---

[34] Martínez Malo, Aldo (1993): *Confesiones...*, p. 71.
[35] Martí, José (1975): Fragmentos. En *Obras Completas*, Tomo XXXII. La Habana: Editorial Ciencias Sociales, p. 190.

Melancolía de otoño es una colección que encierra un gran misterio. Como libro extraviado en el tiempo es ese en que la autora parece ocultar la fecha de su creación, ochenta y nueve poemas en prosa aparecen numerados sin una secuencia.

¿Conjunto o subconjunto de un libro mayor? ¿Derivado o amputado? No se ha podido precisar si estos textos pertenecen a *Poemas sin nombre*; sin embargo, se sabe que estos últimos estuvieron en manos de Enrique de Quesada durante muchos años, quien planeaba destruirlos, pues gran parte de ellos estaban dedicados a otro hombre (Pablo). Dulce los consideraba *extraviados* cuando un día su primo, reconociendo la belleza de aquellos, se los entregó intactos.

Me he detenido en este breve comentario por creerlo importante. El poema objeto de interés, publicado en este poemario, en 1997, carece del conocimiento del contexto en que fue escrito, tan útil para el análisis semántico-pragmático del propio texto número LII:

> *Como sé que vas a partir esta noche, he apagado la lámpara para no ver tu partida. A pesar de mi sabiduría tengo miedo de llorar cuando te vayas.*
> *Y quién sabe si aún pudieras detenerte al escuchar mi llanto…*
> *Quién sabe si este llanto te haría titubear, te haría mecer junto a la puerta el pie indeciso…*
> *Y bien triste sería que lo último que me dieras, fuera un minuto de vacilación.*
> *Vete, vete, y déjame llorar como he llorado siempre: sola.*

En este coloquio, la poeta desea llorar por una razón: la partida de su amado. Y ha apagado *la lámpara*, porque no quiere impedir su voluntad.

En el poema predomina el estilo verbal. Téngase en cuenta, además, que gira en torno a una acción, incluso, las palabras claves son verbos: *partir, llorar, titubear*. Estos se refieren a un momento no deseado, que ocurre en una atmósfera oscura, lejos de la tibia luz del sol, durante la noche.

La reticencia está presente en la prosa poética. Su utilización presume el aliento entrecortado del hablante lírico, las palabras no pronunciadas, el silencio que sigue al dolor manifestado. La aliteración corresponde con este tono desgarrador venido del frío de la ventisca, que devora la cabeza de los pinos y refuerza la idea del desfallecido aliento.

El adjetivo *indeciso* —que conforma con el sustantivo *pie* una personificación— es un hecho de elección; en su lugar la poetisa pudo usar otros adjetivos como *menguado, consentido, endeble, comprometido*. Pero el adjetivo *indeciso* contiene la idea más precisa del estado que adoptaría su amado junto a la puerta, ante el largo llanto que le producirá su ausencia.

Mucho interesa preguntarse en qué momento de la vida de la autora se produce esta circunstancia. ¿Se tratará de una de las noches en que Bárbara no concilia el sueño, temerosa de que su amante se vaya en el Euryanthe?, o mejor, ¿la noche antes de que Pablo se marche al exilio? Si es así, el sentido lógico indica que este texto es posterior a *Poemas sin nombre*. No obstante, todas las ideas son meras especulaciones.

Al final del poema le ordena a esta persona que se marche, aunque después llore en soledad, motivo que se repite constantemente en su poética. Un ejemplo archiconocido es el Poema VII de *Poemas sin nombre,* el cual cito: *Muchas cosas me dieron en el mundo: sólo es mía la pura soledad.* O el Poema XXX del mismo poemario: *Soledad, soledad siempre soñada… Te amo tanto, que temo a veces que Dios me castigue algún día llenándome la vida de ti.*

El tema del Poema LII es, por tanto, el dolor ante la partida del amado. Desde un lenguaje diáfano, el lector es testigo de un momento de separación, que describe uno de los amantes. Si bien el asunto es abordado con tristeza, la voz poética ha de sobrevivir al naufragio de la melancolía.

Ahora evoco el Poema LXXXII e imagino la sonrisa de Dulce María aquella tarde veraniega, cuando le entregara a su amigo Aldo los versos sobrevivientes, entresacados de aquel mundo diminuto del que hablara José Martí:

Melancolía de otoño en mi jardín: El viento de la tarde esponja los árboles mojados de la reciente lluvia y las rosas deshojadas dejan un reguero de pétalos sobre la tierra negra.
—Un piano a lo lejos...—
Sueñan las cosas en la hora lila y yo pienso dulcemente que me baña el resplandor que se va y me hace como una joven reina lánguida, dueña de todo este último oro...
Melancolía de otoño en mi jardín.

Un diálogo intimista

Hoy, que estoy lejos, cuando pienso en las Islas, veo, primero que nada, sus rosas.

Dulce María Loynaz

Dulce María Loynaz visitó muchos lugares sorprendentes y apasionados, sin embargo, dedicó su libro de viajes a la tierra de los dragos milenarios.

Un verano en Tenerife, como tituló esta suerte de diario, o crónica, refleja su afecto por el paisaje tinerfeño, sus habitantes y costumbres, como no lo hizo antes ningún historiador, biógrafo o viajero. Hay quienes afirman que amaba esta isla antes de conocerla, tal vez por las evocaciones de su esposo Pablo Álvarez de Cañas.

La poesía emana de este texto con la misma intensidad que sus experiencias. La belleza del paisaje, siempre a la sombra del Teide, permanece con una distinción lírica, enriquecedora de afectos. Un capítulo inolvidable reproduce el gesto dadivoso y cristiano, que incidiría notablemente en los habitantes del Puerto para declararla *hija adoptiva del hermano pueblo*: el manto de seda azul, confeccionado por artesanas cubanas, para la Virgen de la Peña de Francia. Otro de los momentos más atractivos de la citada obra, donde los afectos fluyen con un tono intimista, es el diálogo entre Francisco Bonnín Guerín[36] y Dulce María Loynaz, cuyo Capítulo XIX incide en esta reflexión.

Sobre la cercanía entre ambos artistas ha declarado Ana Luisa González Reimers durante una exposición de cuadros del pintor en el Puerto de la Cruz:

En la siguiente visita de Loynaz, durante el verano de 1957, la amistad había cristalizado de forma rotunda. La intimidad

---

[36] Francisco Bonnín Guerín (Santa Cruz de Tenerife, 1874 – Barcelona, 1963): Pintor acuarelista español. (*N. del E.*)

del estudio se abrió para la amiga poeta y ésta acudió con frecuencia a la «casita soleada», hogar del maestro en el Puerto de la Cruz, compartido con su esposa y la dulce presencia de su hija Marciana.[37]

Bonnín tenía para entonces ochenta y tres años. Maestro consagrado de la acuarela, prestigioso artista, presidía la Agrupación de Acuarelistas Canarios, de la que era fundador, desde 1944, razones por las cuales Dulce María lo presentaba en su libro como *un anciano pulcro y delicado, muy erguido en su sonrisa de niño, muy niño en sus ojos azules.*[38]

Pero la autora quiere mostrar a su viejo amigo como se revela en ese instante, al lado de su pecado, de su único gran pecado. De ahí que el júbilo de la paleta se torne mustio, igual al árbol ceniciento que hace y deshace y *tiene mucho de fantasmal y de esotérico.*[39]

Dulce María teme por lo que va a escuchar. Observa entre los motivos aparentemente gráciles una nueva dimensión: *Don Francisco hace una pausa y suspira; las acuarelas se desprenden de su mano como flores marchitas al soplo helado de un recuerdo que viene de tan lejos...*[40] Ella redescubre el paisaje, al pintor.

Una lejana noche de mayo, Bonnín, no contento con la imposición de sus padres de acompañar a su única hermana al concierto de la banda municipal, desató sobre la joven, que no había cumplido aún los quince años ni asistido a una fiesta, una avalancha de quejas y protestas durante el paseo. Él consiguió que su hermana prorrumpiera en llanto y, después de

---

[37] González Reimers, Ana Luisa (2002): «Francisco Bonnín y Dulce María Loynaz. El Puerto de la Cruz en dos miradas». En *Francisco Bonnín y Dulce María Loynaz. Convergencia artística en el Puerto de la Cruz.* Puerto de la Cruz: Edición de la Viceconsejería de Cultura y Deportes del Gobierno de Canarias, p. 19.
[38] Loynaz, Dulce María (2002): *Un verano en Tenerife.* Tenerife: Edición de la Viceconsejería de Cultura y Deportes del Gobierno de Canarias, p. 264.
[39] Ibídem, p. 262.
[40] Ibídem, p. 264.

dar la primera vuelta a la glorieta de la música, le pidiera regresar a casa. Al día siguiente, una repentina enfermedad robaría la vida a aquella niña sin lucir su vestido color rosa. Un vivo remordimiento que perduraría a lo largo de sesenta y tres años.

Conmovida por la historia, Loynaz refleja una arista filosófica vitalicia en las palabras que dedica al anciano amigo con el ánimo de consolarle: [...] *Pero ya usted sabe que los seres completamente felices no crean belleza para los demás* [...] *Es esa vieja pena, o, mejor dicho, el fantasma de una pena lo que da vida y razón a su pintura...*[41] De manera que en ese balbuceo –acertado o no– se encuentra una explicación de un fenómeno humano. La pregunta formulada obtiene una respuesta, es precisa una pena, secreta pena, para el acto de la creación y de la belleza.

Consecuentemente con las exigencias del corazón en ambos creadores, lo bello se asoma a la sensibilidad, el alma quiere retenerlo, como la alfombra de rosas en La Orotava, destruida durante la procesión del *Corpus Christi,* escándalo para los ojos de la cubana, quien comienza a comprender el sentido de la tradición local en la belleza divina.

Si la natural belleza remite a Dios, la autora de *Juegos de agua...* respira ese aire en la visita que hace al paisaje agreste más hermoso del mundo. El Teide, magnánimo, ha sido inspiración para los poetas que le han dedicado su canto. Asimismo, el volcán dormido inspira al no menos grande escritor José Javier Hernández. En su libro *El Teide en la mirada,* este gran amigo mira con los ojos del corazón la realidad que le circunda, siendo verdaderamente recreado y convertido en un hombre nuevo.

La presencia de Dulce María no solo se sitúa en el poema que él le ofrece, «Todo es inmediato», bajo la advocación del viejo pico, sino, además, en el tono coloquial que sentimos en «Un lugar secreto», poema que aborda su casa roída desde la altura del volcán.

[41] Ibídem, pp. 265-266.

El tema, sensitivo para quienes han habitado las paredes que se mueren, es el mismo que recreara Dulce María en sus «Últimos días de una casa». El tratamiento personalizado en los dos textos fluctúa con matiz elegíaco de manera tangible en la rememoración de un pasado que alberga felicidad.

Cuando subí al lugar que señala *un punto / diminuto / cerca del bajío / y los taraviscales* hallé el silencio amado de Dulce María, la metáfora de José Javier, la atención que los dos prestábamos al amigo Gustavo, el policía, a quien escucho siempre que pienso en la corona de las siete islas, sus atinadas palabras de que tanto fotografías como vídeos permitirán a nuestros descendientes conocer los familiares muertos, a diferencia de épocas pasadas. Supongo que, inclusive, reconozcan lo esplendente, cercenado por la perspectiva del tiempo.

Y retomamos el momento en que Bonnín continúa pintando las flores que Dulce María habría de llevarse a Cuba. Ella asiste al nacimiento de esas rosas, inspiradas en el poema «La oración de la rosa», de su libro *Versos, 1920-1938,* cuyo poemario dedica al pintor en 1947.

En la edición de ese año se imprimieron trescientos cincuenta ejemplares, donde aparecían los ensayos escritos por María Rosa Alonso, José Manuel Guimerá y Domingo Cabrera Cruz sobre la poetisa. Los cincuenta primeros, concebidos en papel especial, fueron dedicados a estos y a otros amigos como Celestino González Padrón, Candelaria Reimers Suárez, Diego Guigou, Juan Felipe Machado, la familia Baudet, entre muchos más.

La autora, por tanto, ha hecho una traslación. En esta segunda edición ya aparecía en la página 30 el «Jarrón con rosas», que le había obsequiado el amigo. Ella quiere corresponderle e inmortaliza –como hizo él con su arte– el instante en que las rosas *van surgiendo en la vertical blancura frescas, vivas, imperecederas* [sic].[42]

Diez años previos a la publicación de *Un verano en Tenerife*, lo había hecho destinándole el número doce de los ejemplares impresos en papel especial, pero la fina sensibilidad había calado profundamente su interior y la inspiración la condujo por el sendero del color y el resplandor de la luz en «Las acuarelas de Bonnín»:

> [...] *Porque he aquí que el pequeño milagro del agua redimida se repite con sencillez y eficacia en los cuadros del maestro Bonnín. No es que él pinte el paisaje canario trasplantándolo simplemente al lienzo, no es que él lo retrate o lo copie con pincel certero, es que él «devuelve» ese paisaje a un estado de gracia, a una transparencia luminosa sin mancha original.*[43]

No fue el «Jarrón con rosas» la única pintura que le obsequiara el afamado acuarelista. La prensa local recogió el momento cuando este le entregó dos acuarelas suyas, «Barranco del infierno» y «Torreón Ventoso», durante el homenaje que le rindieron en el Hotel Taoro, el sábado 18 de agosto de 1951, año en el cual la proclamaban *hija adoptiva* del «pueblecito costero». El 14 de diciembre de 1958, de regreso a La Habana en el Santa María, con la publicación de *Un verano en Tenerife*, el periódico *La Tarde* reprodujo fotográficamente cuando el pintor le hacía entrega de sus «Flores de pascua», en gratitud por el amor profesado a su isla.

Con ganas de cantar y de reír por ese inusitado, descubierto jardín de mirtos y laureles[44] quedaban entrelazados la palabra y el paseo: las flores que caen de altas tapias; la casa vacía de la familia Ventoso, ese sitio enigmático que el pintor supo transmitir de la mansión deshabitada y a Dulce María le atrajo por

---
[42] Ibídem, p. 267.
[43] Ibídem, p. 261.
[44] Ibídem, p. 18.

la antigua historia de la atalaya; la destiladera, por donde el recipiente mantenía el nombre de bernegal; la retama, el zaguán de un volcán dormido, bendecida en flor; y las rosas... otras vez las rosas; motivos todos eternizados por la poesía y la pintura.

Ahora bien, la Casa de los Árabes, sita en el número 16 de la Calle de los Oficios, en la Habana antigua, exhibe un grupo de pertenencias de la autora de «Carta de amor al rey Tut-Ank-Amen». Frente a una de las acuarelas del *hombre de mañanas y primaveras* se advierte el «Torreón de Ventoso», con sus balconaduras de madera, en cuyo pie de ese original puede leerse: *A Dulce María Loynaz de Álvarez de Cañas / El Puerto de la Cruz agradecido / 18-agosto-1951.*

Otra se titula «El patio de la herrería», obra que refleja, con la luminosidad propia de un experto, el emparrado descubierto bajo el cual probablemente el sugerido herrero asiste a sus ilusiones... La última acuarela es aún más interesante, porque el autor olvidó nombrar la pieza. En ella se observa el patio interior de una mansión típica canaria, que se asemeja al imaginado por Dulce María en su visita a la casa de Ventoso. Suelo de baldosas, plantas en sus tiestos, escaleras que conducen a las galerías altas, como si la casa hubiera despertado del profundo sueño conminado por Victoria, su moradora. Ambas razones (similitud y descuido) estimulan a nombrarla «El patio olvidado», un hallazgo de verdadera importancia para los estudiosos del arte bonniniano.

Esas pinturas, donadas por Dulce María Loynaz al Historiador de la Ciudad Eusebio Leal Spengler, son un ejemplo irrefutable del afecto de Francisco Bonnín por la poesía y su deseo de exponer en La Habana, pues, sin duda, este número de piezas integraría la exposición que nunca se concretó en la ciudad caribeña.

Actualmente, un espíritu sortílego conserva la casa de Ventoso, cuyo aspecto apenas ha variado; sí el entorno, modernizado al punto de desconocer el sitio exacto donde

Bonnín ubicara el atril para pintar el cuadro que yo habría de encontrar en mi Habana.

Una de esas extrañas relaciones que percibimos del mundo recuerda a la poetisa cubana Serafina Núñez y su mejor soneto, «A un ruiseñor amaneciendo». Qué misterio el de Victoria Ventoso, muerta en su residencia y en su puño de la mano un papel que decía: *A un ruiseñor*. Qué misteriosa la belleza que abre la puerta, se muestra, y su seducción nos deja un sabor amargo de amor y de muerte.

Retomar la lectura de *Las acuarelas*... será siempre el testimonio trocado en mito, que aún se manifiesta en las palabras de Bonnín, la heredad poética de los clásicos españoles por donde el pensamiento expía la fugacidad de las rosas.

Una ternura casi filial

> *Joven como era, no parecía interesarle nada de lo que es o debe ser patrimonio de la juventud: galas femeninas, paseos, bailes, funciones de teatro… O en palabras mayores el amor, la conquista de la fama, la ilusión de viajar por otros países…*
> Dulce María Loynaz

El nombre de María Villar Buceta[45] no solo se revela en las páginas, ya distantes, de *El Fígaro* u otras revistas y diarios habaneros, donde *soñadora de claridad de soles y raíz de sí misma,*[46] como la calificara el profesor Mario Rodríguez Alemán, le eran tributados muchísimos elogios.

Su presencia yace en un texto escrito por Dulce María Loynaz, quien logra apresar en «Un paseo a caballo»[47] lo que José Martí llamara *el instante raro de la emoción.*[48] Esta vivencia devenida relato tuvo sus orígenes en la década del veinte del pasado siglo, cuando un grupo de amigos se dieron cita por las cercanías de Calabazar.[49]

Acompañados por el escolta —un ayudante de campo, porque los hijos del General debían estar protegidos— José Antonio Fernández de Castro, Mariblanca Sabas Alomá, Aurora Villar Buceta y Angelina de Miranda, esa noche pernoctaron en una casa de campo a orillas de Calabazar, en la residencia

---

[45] María del Carmen Villar Buceta (Matanzas, 1899 – La Habana, 1977): Poetisa y periodista cubana. Pionera de la biblioteconomía en la Isla, llegando a ser la primera profesora de este campo. (*N. del E.*)
[46] Rodríguez Alemán, Mario. *María Villar Buceta.* Semblanza con fecha del 2 de diciembre de 1947, en manos de una colección particular.
[47] Texto escrito a solicitud de William Gattorno Rangel, el dignatario del Paseo, en el mes de mayo de 1978, próximo a cumplirse el primer aniversario del fallecimiento de María Villar Buceta.
[48] Martí, José (1975): «Julián del Casal», en *Obras Completas,* t. V. La Habana: Editorial Ciencias Sociales, pp. 222-223.
[49] Loynaz, Dulce María (2003): *Un paseo a caballo.* Las Tunas: Edición del Comité Provincial de la UNEAC, p. 13.

de doña Juana del Castillo, madre del autor del *Himno Invasor* (Apéndice 2).

María del Villar Buceta era, por entonces, la favorita de la familia Loynaz. Por eso, la primogénita de los hermanos escribiría sobre *el momento en que nuestra admiración se convirtió en el más tierno interés por su persona...*[50]

En el *Paseo* se evidencia un proceso dual de reconocimiento. La sobria María Villar Buceta parece escuchar por vez primera su voz lírica pronunciada por una voz evocadora, acaso la de José María Chacón y Calvo, el único de los participantes que se menciona en la tarde de recreo. Es el *misterioso espejo de su alma*[51] que alude Dulce María Loynaz, quien presta especial atención a la carga poética escondida en su amiga.

La autora, con fina sensibilidad, advierte el regocijo de la bien admirada María, la sabe feliz y por esta causa recoge, en pocas líneas, la trascendencia del encuentro. Ya lo había hecho la matancera en su poema «Primera vez...», que aparece en su libro *Unanimismo*.[52]

[...]
Cierro los ojos... Una viva
luz me ilumina el pensamiento...
Hay en mi actitud pensativa
no sé qué don de encantamiento! [sic]
[...]
La suave paz de esta campiña,
cómo me llena de dulzura! [sic]
El alma se me vuelve niña,
diáfana, primitiva, pura...
[...][53]

---

[50] Ibídem, p. 11.
[51] Ibídem, p. 17.
[52] *Unanimismo* fue publicado en 1927, en La Habana, y es el poemario más importante de María Villa Buceta. (N. del E.)
[53] Buceta, María Villar (1999): *Unanimismo*. Matanzas: Ediciones Matanzas, p. 52.

En mayo de 1923, estos versos habían figurado en la revista *Social*. En la «parte literaria», de la cual era responsable Emilio Roig de Leuchsenring (quien se sintió muy intrigado con el «Autorretrato» de María), el poema presentaba una dedicatoria: *Para Chacón y Calvo*, razón esta que nuevamente conduce a sospechar que fueron los labios de él los que pronunciaron los versos de la poetisa.

Este no sería el único paseo que María hiciera entre los intelectuales por la campiña cubana. Según el testimonio de Renée Méndez Capote,[54] invitó a su hermana Sarah[55] y a Villar Buceta a tomar el aire por el campo en un extraviado domingo. Pero la salida no fue del todo grata debido a un inconveniente, que no aparece recogido en ninguna bibliografía (Apéndice 3).

Y he aquí que Dulce María Loynaz se despoja de su característico rigor y muestra una imagen fresca y de ternura casi filial al evocar a María Villar Buceta, a quien visita, junto con su hermana Flor, *solitarias supervivientes del naufragio de nuestra casa*,[56] durante su estancia en el hospital: ... *Quedó en silencio largo rato. ¿Se nublaron sus ojos verdemar o fueron los míos los que se nublaron y no pude ver bien?*[57]

De manera que se revelan aristas desconocidas de ambas personalidades tan aparentemente opuestas y tan cercanas en este instante, pues *acercarse a la vida y obra de María Villar Buceta* —dice Mirta Hernández— *es acercarse a una mujer única para su tiempo en muchos sentidos, pero a nuestro parecer, admirable en todos*

---

[54] Renée Méndez Capote (La Habana, 1901 – La Habana, 1989): Escritora, ensayista y periodista cubana. Autora de *Memorias de una cubanita que nació con el siglo*. (N. del E.)
[55] Sarah Méndez Capote figura en la dedicatoria de *Unanimismo*, libro publicado gracias a la subvención de esta amiga.
[56] Loynaz, Dulce María (2003): *Un paseo...*, p. 7.
[57] Ibídem.

ellos,[58] quizás por las claves semánticas que encontramos en su poesía.

Antes de leer la reseña de Dulce María sentíamos a una María como suma de otras dos grandes poetisas. Veíamos confluir en ella la sencillez y naturalidad de Luisa Pérez de Zambrana y la energía de Gertrudis Gómez de Avellaneda. Aunque también la ironía sentimental de Rubén Martínez Villena y José Zacarías Tallet, todo lo que contribuía a conferirle un perfil ambiguo a la poetisa. A partir de las reflexiones de Dulce María Loynaz comenzamos a percibirla con una definida personalidad.

Pero su producción literaria, sus artículos, crónicas y comentarios críticos son desconocidos por el lector de hoy.[59] ¿Será ella una de las violetas del Teide eternizadas en ese libro de viajes que es *Un verano en Tenerife, la flor más diminuta, más pobre y más escondida* [...] *en medio de aquel inhóspito océano de piedra cortante*[60] que tal vez sea el descuido a una vida generosa?

En este *Paseo*, María Villar Buceta aparece como un personaje que está esperando por su consagración literaria: *Conocí a María Villar Buceta en una época en que pocas personas podrán hoy recordarla*. De este modo comienza a narrarnos la flor –no el látigo– loynaciana, y, asimismo, inmortaliza, como las primitivas violetas del volcán tinerfeño, a la amiga, porque a pesar de sus diferencias fueron amigas desde el inicio y, unidas en el *Paseo*, María Villar Buceta es ahora un personaje literario.

---

[58] Prólogo de Mirta Hernández. En Villar Buceta, María (1999): *Unanimismo*. Matanzas: Ediciones Matanzas, p. 11.

[59] Suardíaz, Luis (1999): «María Villar Buceta». En *Granma*, (Martes, 20 de abril de 1999).

[60] Hernández, José Javier. *Dulce María Loynaz y El Teide*. Conferencia pronunciada en el Centro Cultural de España, en La Habana, el 11 de diciembre del 2002, con motivo del Centenario de Dulce María Loynaz. Permanece inédita y fue cedida por su autor

La suscitada simpatía

Escribí mucho tiempo para mí misma y para mí sola: ahora escribo para las inteligencias limpias como la suya; para corazones nobles como el suyo.
Fragmento de una carta de Dulce María Loynaz a Emilio Ballagas.
La Habana, 21 de junio de 1948.

Se ha dicho que todavía permanecen dispersas muchas cartas de Dulce María Loynaz, en manos de quienes conservan el privilegio de guardar para sí su elegante trazo, amorfo en los últimos años por la debilidad visual. Sin embargo, con el esfuerzo de algunos amigos, su epistolario aparece recogido en tres volúmenes: *Cartas a Julio Orlando, Cartas a Chacón, Cartas a Ballagas* y *Cartas que no se extraviaron.*

Cartas a Emilio Ballagas es el mejor testimonio para demostrar la empatía de Dulce María por la obra del camagüeyano, a quien se recuerda, entre otros aspectos, por su poesía negra, pero más aún por sus acentos neorrománticos.

Una carta que ha llamado la atención, donde la efectividad, como casi toda la carta, es el elemento que conduce a su expresión, es la fechada en 1936. El móvil de su escritura no es otro que exponer el criterio acerca del poema «Elegía sin nombre».

Al pensar en este tema se recuerdan las palabras de Camila Henríquez Ureña, con quien coincidió en el criterio que sostiene: *Una carta privada es un estado de ánimo. Todo estado de ánimo es pasajero y quien escribe juzga que su carta será pasajera también. Rara vez piensa que sea conservada y mucho menos que sea publicada.*[61]
Pero una copia de esa carta de 1936, cálida en emociones, fue conservada por su remitente. Dulce María la entregaría, junto

---

[61] Henríquez Ureña, Camila (1982): «La carta como forma de expresión literaria femenina». En *Estudios y Conferencias.* La Habana: Editorial Letras Cubanas, p. 471.

con un numeroso grupo de estas, a su amigo Martínez Malo, cuando, años siguientes, y ante el renombre que había alcanzado, cae sobre ella la indiscreta curiosidad del público.[62] La fecha conocida de su envío coincide con la visita de Juan Ramón Jiménez y su esposa Zenobia Camprubí a La Habana. El poeta español se reúne con los poetas de ese momento y manifiesta su deseo de publicar una antología de *La poesía cubana en 1936*. Juan Ramón y su esposa asisten además a las *juevinas*, en la casona de Línea, en el Vedado, centro de la vida cultural de la ciudad, donde Ballagas ha presentado su «Júbilo y fuga».

En los primeros párrafos de la epístola, Dulce María propone a Ballagas dar nombre a la *Elegía*, así como usar los signos de puntuación, los que aparecerán en posteriores ediciones al reconocer la falta de estos y las complacidas palabras de su amiga. La poetisa parece ignorar los motivos que conducen al autor a llamarla de ese modo, seguramente porque él elide un nombre, el nombre del amor de los versos que Dulce cita: *¿Sabe lo que más me gusta? Esto: ya es demasiado siempre mi lámpara de arcilla, ya es mucho parecerme a mis pálidas manos y a mi frente clavada por un amor inmenso...*[63]

El agua del mar, motivo dentro del poema, convida a la meditación, a inquirir en la sensibilidad de Dulce María: [...] *¡Quién tuviera el pecho tan ligero y tan diáfano como el agua!... Verse a uno mismo a través de sí mismo...*[64]

Esa reflexión tomará diversos cursos por el rumbo de la transparencia en los *Juegos de agua*. Exclamará en «Integridad»: *¡Cómo miraré yo el río, que me parece que fluye de mí...!,*

---

[62] Ibídem.
[63] Loynaz, Dulce María (1997): *Cartas que no se extraviaron*. Valladolid: Edición de la Fundación Jorge Guillén en colaboración con la Fundación Hermanos Loynaz, p. 25.
[64] Ibídem.

acaso con miedo de sí misma por el reflejo, que es fantasma de paisajes distantes, *de un agua viva que brillara un día / libre en el mundo, tibia, soleada…* («El espejo»). Por eso, a manera de sentencia, expresa a su amigo: […] *¡Qué opacos somos y qué duros! Su poema me lo ha recordado cuando comenzaba a olvidarlo.*[65]

Sin duda, Loynaz deja escapar entre líneas la suscitada simpatía por los versos de Ballagas, le escribe con la misma belleza poética que le incitara crear un poema, característica que se percibe en otros textos prosísticos de la autora, aunque manifieste lo que le desagrada: *Lo que no me gusta es la deliberada intención de ser obscuro, que entraña como decía un sutil crítico francés hablando del Simbolismo, una de las más singulares formas de la insaciabilidad humana.*[66]

La carta de Dulce María, como texto desinteresado, porque en esta *el autor no se inhibe por la preocupación del «gran público», que le impondría pulimento en la forma y discreción en el fondo* […] *en busca de significado,*[67] no ha sido escrita con el propósito de crear una obra literaria, aun cuando haya sido publicada con su aprobación.

Menos oscura que misteriosa resulta esta *Elegía*, en Ballagas *la fórmula ideal es el silencio de las raíces; la oscuridad ordenada, tan ordenada que se haga luz a la presencia del tacto,*[68] de ahí que esta *insaciabilidad humana* se desmorone con *una ingravidez transparente y dormida / suelto de mis recuerdos, con el ombligo al viento…* («Elegía sin nombre»).

Poeta moderno, ávido del vigor de la sugerencia como forma de expresión, precisa su labor poética, que en nada constituye un beneficio: *No quiero verso que juegue, ni verso que*

---

[65] Ibídem.
[66] Ibídem.
[67] Henríquez Ureña, Camila (1982): «La carta como…», p. 471.
[68] Ballagas, Emilio (1972): «La poesía en mí». En *Órbita de Emilio Ballagas*. La Habana: Instituto Cubano del Libro, p. 239.

suene; quiero verso sufrido en la propia carne, que ande con pies de corcho, sin excluir los pies de plomo; pero esto último se refiere a la gravidez no a la resonancia.[69]

Sobre este poema, junto con «Nocturno y elegía» (los dos grandes poemas del autor de *Sabor eterno*), Ángel Augier, en el prólogo que hiciera a la *Órbita de Emilio Ballagas*, ha escrito con pródiga manifestación psicológica:

> *Dos poemas publicados separadamente por Ballagas, Elegía sin nombre (1936) y Nocturno y elegía (1938), constituyen lo fundamental del cuaderno, y, en general, de la obra de Ballagas. Sus títulos ya definen el tono elegíaco. El poeta ha alcanzado una superior maestría expresiva para cantar el dolor humano de la frustración amorosa y gime de una extraña angustia, tan profunda que ansía refugiarse en la muerte.*[70]

Precisamente, esa frustración amorosa es la que le permite identificarse con los versos de Walt Whitman (*I loved a certain person ardently and my love was / not return´d, / Yet out of I have written these songs*)[71], en el paratexto de «Elegía sin nombre». Pero Dulce María, como he expresado, cautivada por el espíritu misterioso del poema, dedica una sentida carga a nuestro poeta, cuyo autor recuerda a Pablo Neruda en los versos que escribiera a su Guillermina.

Un texto de Dulce María guarda estrecha relación con el deseo de Ballagas y atiende a la idea de su verso: *Necesito que me ayudes a dormir el corazón enfermo, el alma que no te supo encontrar, la carne herida que todavía te busca* [...] *(*Poema LXXXVIII, en *Poemas sin nombre).* Texto donde se mece el

---

[69] Ibídem.
[70] Augier, Ángel (1972): «Prólogo». En *Órbita de Emilio Ballagas*. La Habana: Instituto Cubano del Libro, 15-16.
[71] En español: (Amé ardientemente a cierta persona y mi amor no fue correspondido, Sin embargo, aquel amor ha hecho que escriba estos cantos.) (N. del E.)

dolor (la resina a causa de una partida, de una ilusión marchita...), tratado en distintos momentos por ambos poetas, los que, en su propia individualidad, confluyen en un mismo cauce temático: el amor ausente.

La poetisa concluye la carta, convencida de la esencia de la «Elegía»: [...] *Me gusta el espíritu misterioso del poema, el que anima en él las olas y pasa vagamente como un pez por debajo de él mismo. Eso me gusta. Le mando los versos que Ud. pidió y venga alguna vez a verme.*[72]

A esta misiva la siguieron muchas otras –también innumerables visitas y celebraciones, *ella ocupa ya ese sitio privilegiado por la extraña y por el acento de su admirable poesía–*,[73] pero ninguna más halagüeña que la escrita en honor del «Poema impaciente»,[74] en 1937, de cuyas líneas reproduzco un fragmento, comprendiendo la urdimbre de la epístola: [...]*«Y si llegaras tarde» va perdiendo ya para nosotros lo que precisamente constituye su inquietud, la inquietud del tiempo, y este es el mejor modo de eternizarse. Amo infinitamente esos versos suyos que hubiera querido míos.*[75]

---

[72] Loynaz, Dulce María (1997): *Cartas que...*, p. 25.
[73] Ballagas, Emilio (1991): En *Dulce María Loynaz. Valoración Múltiple*. La Habana: Ediciones Casa de las Américas y Ediciones Letras Cubanas, p. 311.
[74] Virgilio López Lemus ha encontrado un contacto poético entre el poema que se cita y el Poema XXXIX de Dulce María, cuando ella pide: *Ven, ven ahora, que quizás no sea demasiado tarde todavía*. Ver López Lemus, Virgilio (2005): *Jardín, Tenerife, Poesía: Fe de la vida de Dulce María Loynaz*. Pinar del Río: Editorial Cauce, p. 20.
[75] Loynaz, Dulce María (1997): *Cartas que...*, p. 31.

La nitidez humana

Dulce María Loynaz era una mujer sencilla pero elegante, de carácter firme y, a la vez, de una sensibilidad pletórica de dulzor, aliada de la armonía y la quietud, esencialmente justa, con refinado humor, tan valiente cuanto segura de sí misma, maravillosa amiga, e inflexible al reconocer el umbral de las antipatías.

Para una mujer que pasó su infancia protegida por la familia en el micromundo de una casa con gran jardín y aves exóticas, donde recibían personas muy selectas, entre ellos los maestros encargados de su educación, la empatía era fundamental en la construcción de las relaciones sociales.

Ese ambiente recoleto influyó en la personalidad de Loynaz. Las lecturas de determinados autores –San Juan de la Cruz, José Martí, Delmira Agustini, Rubén Darío, entre otros– marcaron el impulso original de su escritura, sin que ella le reconociera influencias a su obra.

Surgió una suerte de atracción, de simpatía por obras que se abrieron a sus ojos: simbolistas y parnasianos franceses, bardos orientales... y la avidez despertó en ansia por conquistar el verso propio. Entonces, la imaginación y los sueños de la sensible dama contribuyeron a su actitud de amar la literatura y, especialmente, a escribir poesía.

Sin embargo, el ambiente de recogimiento con que la crítica ha rodeado la figura de Loynaz se superpone por encima de las excelentes relaciones que cultivó a lo largo de su vida, sin tomar en cuenta que la amistad con otros escritores pone en evidencia ese debatible sentido de aislamiento.

Tal vez fueron las *juevinas* –aquellas tertulias literarias realizadas en la casa de Línea, en el Vedado–, la primera forma de acercamiento al círculo de intelectuales, cuya aproximación ocurrió desde dentro, es decir, en el seno del hogar, y al que también acudieron escritores y artistas foráneos.

[…] *Había invitados de todos los «ismos», pues no le temíamos a ninguno. Recuerdo a Angélica Busquet, a Gustavo Sánchez Galarraga (un poeta al que no se le ha hecho justicia), a José Antonio Fernández de Castro, a Fernández Arrondo, a mi gran amigo Aurelio Boza Masvidal, a Rafael Marquina, a don Gonzalo Aróstegui, don Aramburo, Chacón y Calvo, el pintor ruso Yunkers; el poeta Emilio Ballagas que dio a conocer sus versos «Júbilo» y «Fuga», Josefina de Cepeda, José Antonio Ramos, con lo mejor de su teatro; los poetas Virgilio y Luisa Piñera, Alejo Carpentier y su madre, una rusa muy hermosa, y por supuesto también a Federico García Lorca, Juan Ramón Jiménez con su admirable esposa Zenobia Camprubí, entre tantos que ya no recuerdo. Claro, mis hermanos leían también sus versos y Carlos Manuel y yo tocábamos el piano, sobre todo preludios de Chopin… en fin, era una reunión de la Cultura.*[76]

Loynaz procuró esta enumeración al investigador y amigo Aldo Martínez Malo, en valiosísima entrevista mediante la cual sabemos quiénes asistían a las tertulias loynazianas, en su mayoría personas destacadas que contribuyeron con su arte a la cultura de la nación cubana, opinión que debe alcanzar a los invitados que llegaban de otras partes del mundo, pues estos incidieron en el ánimo de los poetas y escritores cubanos del momento. Además, tratándose de empatías no debemos soslayar la especificación de Dulce María alrededor de las *juevinas* y que versa: *se reunían las amistades más íntimas en mi salón gris azuloso.*[77]

Las cartas a menudo son portadoras de confidencias y expresiones íntimas que, escritas por su autor, pueden resultar provechosas, bien por el contenido personal, artístico, histórico… Las misivas son tanto más reveladoras cuanto que se tratan de personalidades célebres, las cuales

---

[76] Martínez Malo, Aldo (1993): *Confesiones…*, pp. 29-30.
[77] Ibídem, p. 29.

arrojan nuevas dimensiones o representaciones psicológicas a su condición de persona.

Palabras de una amistad sostenida se descubren en las cartas que Loynaz dirigía a José María Chacón y Calvo, a quien llamaba «distinguido amigo», «amigo nuestro siempre presente», «querido amigo», «mi excelente amigo», y que son un grabado testimonial de su creciente afecto y probada empatía con Chacón y Calvo.

Las enviadas a Emilio Ballagas resultan otro tanto deferentes, pues aquí la poetisa permitía que hablara su espíritu sensitivo, expresaba la profunda impresión que dejaron ciertas lecturas de la obra de Ballagas, predilecciones y desconfianzas hacia estilos literarios y artísticos, como quien jugaba a ensayar a través de epístolas.

Dejado a un lado las cartas –aunque solo por el momento– y retomando la simpatía, que es una forma de empatía, pero se diferencia en lo instintivo emocional, contrario a la verificación afectiva de este sentimiento, vayamos a otros elogios que dan cuenta del gusto de Loynaz por diversos autores.

Rafael Marquina y la asistencia intelectual (¿1952?) es una conferencia que Loynaz impartió en deuda de gratitud al amigo de muchos años, quien se vinculó a la vida literaria de la poetisa en los días que ella, aún sin obra publicada en forma de libro, realizaba las conocidas *juevinas* y el periodista, de nacionalidad española y radicado en Cuba, había visto con alegría aumentar el éxito literario de la poetisa:

Rafael Marquina ha estado pendiente del pensamiento cubano por más de tres lustros. No se ha cansado nunca de estarlo, no se le ha aflojado el interés ni la voluntad, no le ha parecido ninguna parte mínima de ese pensamiento digna de ser pasada por alto, aun cuando a muchos de nosotros mismos así nos lo haya parecido alguna vez.

Este gran amigo de Cuba, este espiritual amigo de nuestro espíritu ha llevado siempre la linterna por delante en eso de descubrir tesoros nuestros escondidos.

Mas no se crea por lo que acabo de decir que es él un visionario o que tiene la manga ancha para sacarse de ella una pollada de genios.[78]

Nótese plural la gratitud de Dulce María hacia Rafael Marquina, quien, con su pluma para desbrozar, puso atención en figuras como Antonio Maceo, Marta Abreu, Gertrudis Gómez de Avellaneda, entre otros. Loynaz reconocía esta verdad tangencial de la obra del también redactor de *Información*, y, sin pretensión de halagos, dio fe de su calidad en cuanto a estudioso.

Por otra parte, la conferencia *Ausencia y presencia de Julián del Casal* revela, como ningún otro texto, las circunstancias alrededor de la aproximación de Dulce María a los versos de Casal, una aproximación que no tendría vuelta de camino, pues estos quedarían afincados en el espíritu de la poeta y los llevaría consigo siempre, esperando la ocasión para expresar la espiritual deuda contraída: *Aquel regalo de mi madre, inusitado ciertamente para hacerlo a una niña, debió sin duda fermentar en mi oscura conciencia, no solo la afición congénita por los versos, sino también, una especial por esos versos mismos, una como intuición o sensibilidad para captar en ellos desde entonces, un mensaje distinto y misterioso.*[79] Dicha afición la condujo por la apología, esa actitud justa, casi innata en la personalidad de Loynaz –y hecho curioso para quien poco importó la carrera de abogacía–, por la obra de Casal, en deuda de gratitud al bardo de sus iniciaciones.

Loynaz, con su percepción orgánica, potenciaba en esta conferencia dictada en 1956 la característica más notable de

---

[78] Loynaz, Dulce María (2000): «Rafael Marquina y la asistencia intelectual». En *La palabra en el aire. Conferencias y discursos*. Pinar del Río: Ediciones Hermanos Loynaz, p. 40.
[79] Loynaz, Dulce María (2000): «Ausencia y presencia de Julián del Casal». En *La palabra en el aire. Conferencias y discursos*. Pinar del Río: Ediciones Hermanos Loynaz, p. 93.

la personalidad del autor de *Hojas al viento* (1890) y que resultaba todo un tratado de comprensión psicológica, desde la labor de construir versos: Y *no era la suya una ausencia eventual y genérica, atribuible en cierto modo a los del oficio: en él había de hecho una ausencia específica y cabe decir que no era ausente por poeta, sino más bien poeta por ausente. Casal fue un ausente en todas las dimensiones de la ausencia, un solitario en toda la augusta hermosura de la soledad.*[80]

Sin duda la ausencia, motivo de la fascinación de Dulce María por la vida y obra casalianas, constituía el principal ingenio con que protegió a su defendido de turno, el espaldarazo indispensable para quienes se negaban a reconocer, entonces, su trascendente influencia en la poesía.

Ahora le corresponde el alegato de Loynaz a nuestra Tula en una conferencia que llamó *Gertrudis Gómez de Avellaneda: La gran desdeñada* (1957), cuyo título hoy asombra, dado que la figura de la Avellaneda ha sido muy estudiada en el siglo XX y lo que va del XXI. No era así en la etapa que conoció Dulce María y aun en la de la autora de los conocidísimos versos de «Al partir»:

> *Preciso es, sin embargo, que antes de llegar a esa última fuga esta gran desdeñada pruebe acaso el más amargo de los menosprecios: el que va a hacerle su propia patria, sus mismos coterráneos apartando su nombre fríamente a la hora de hacer un homenaje a los bardos del país.*
>
> *[...] Y se queja en efecto de que la hayan postergado no por falta de méritos sino de cubanía.*
>
> *Dos largas cartas escribirá a los diarios de la Isla en protesta de lo que se considera una injusticia, una mentira intolerable y mientras viva no hará otra cosa que debatirse contra el error. Empero*

---

[80] Ibídem, p. 99.

inútilmente; su voz como la de Agar, se perdería siempre en el desierto.[81]

Desde luego, las páginas de Loynaz encaminan al momento de elegir nombre a un recién erigido teatro. Para ello, se pensó en La Avellaneda, debido a que parte de su obra se inscribe en el género dramático. Acaso aquella era la hora de resarcir el injusto olvido, pero *lo cierto es que paisanos prefieren ignorarlo, desconocer a Tula,*[82] de ahí que no podamos negar que la elección fuese justa, pero posiblemente tampoco afirmar que lo fuera.

Y llegó el turno a Delmira Agustini, la gran poetisa uruguaya por quien Loynaz sentía respeto y admiración inigualables y a quien creyera la primera mujer de América en conversación con la chilena Gabriela Mistral. *Delmira Agustini: el misterio en su obra y en su muerte* fue la conferencia pronunciada por Dulce María en el Día del Idioma, del año 1979 y, como el título anuncia, en sus páginas se aprecia esa atmósfera misteriosa alrededor de Agustini.

Llamaba la atención a Dulce María un detalle que escapó a los biógrafos: la carencia de una biblioteca. Este hecho la hizo reflexionar, portar otro fundamento en el contexto oscuro que todavía envuelve a Delmira Agustini: […] *Él nos revela por lo pronto, que la joven autora no escribía bajo el influjo de nadie, que sus grandiosas imágenes inexplicables para sus críticos, sus tremendas concepciones que a veces parece que dan vértigos, brotaban sólo y exclusivamente de su propio cerebro.*[83] Es, sin duda, un caso inusitado dentro de la literatura, como bien deducía Dulce María,

---

[81] Loynaz, Dulce María (2000): «Gertrudis Gómez de Avellaneda: La gran desdeñada». En *La palabra en el aire. Conferencias y discursos*. Pinar del Río: Ediciones Hermanos Loynaz, p. 65.
[82] Ibídem, p. 67.
[83] Loynaz, Dulce María (2000): «Delmira Agustini: el misterio en su obra y en su muerte». En *La palabra en el aire. Conferencias y discursos*. Pinar del Río: Ediciones Hermanos Loynaz, p. 160.

lo cual la condujo a formular: *Es la poesía más solitaria del mundo.*[84]

De cartas insulsas, Loynaz tildó las dirigidas por Delmira a su novio, y posteriormente esposo, donde se observa abuso de diminutivos y palabras escritas como las pronuncia un niño, aprendiendo el idioma. Era esta otra de las rarezas que Dulce María encontraba inexplicables y que la española Carmen Conde supondría *ironías* de la autora de *El libro blanco*.

> *Sea como fuere, a fin de cuentas, una cosa hay cierta: y es que la persona que escribe los versos, nunca la hubiéramos identificado con la que escribe las cartas insulsas; que estas lo son tanto que pudieran atribuirse a una chiquilla del montón, y los versos son tales, que solo pudo escribirlos una iluminada de las que se encerraban antes en los conventos, o una posesa de las que se llevaban a la hoguera.*[85]

En la segunda parte de la conferencia de Loynaz se enrumba la mirada hacia el matrimonio de Agustini y las circunstancias en torno a su deceso (y el de su esposo), pero pocos datos pudo aportar, como los que no fueran los publicados por la prensa. Sin embargo, sorprende saber que el matrimonio, que se estaba divorciando, se encontraba a escondidas en un lugar decorado por él según el gusto de ella. Era el mismo lugar donde los hallarían posteriormente muertos.

Loynaz, en la última parte de la intervención, confesaba haber conocido a un hermano de Agustini, siendo él ya mayor, para quien habían transcurrido muchos años, pero no el dolor por la trágica muerte de la poetisa.

Ella no deseó hurgar en la herida, de modo que decidió marcharse, por cierto, bastante desconsolada, de lo que se percató este señor, quien se apuró a obsequiarle un libro de Delmira junto con un retrato suyo. El gesto, inesperado, lo

---

[84] Ibídem, p. 161.
[85] Ibídem, pp. 167-168.

tomó en prenda de consuelo, le sirvió de colofón a este también ensayo —entre sus más admirables—, al decir que cada vez que miraba el retrato de Agustini, puesto a la vista de los ojos en su biblioteca, preguntaba: *Delmira... ¿qué pasó?*

Un episodio harto conocido fue el desplante de Gabriela Mistral a Dulce María Loynaz en ocasión de un almuerzo que su anfitriona deseó hacer en su nombre, sin embargo, Mistral se negó a asistir después que todo estaba preparado y la velada transcurrió sin la presencia de la homenajeada, hecho que indignó a Loynaz, casi al punto de terminar con su amistad. Al cabo del tiempo se escribieron nuevamente, aunque nunca más se volvieron a ver.

Pero la cubana vio en la chilena a una de las mujeres más extraordinarias que conociera y le dedicó un inolvidable texto —que sirvió de prólogo a sus *Poesías completas* publicadas en Madrid— y que tituló *Gabriela y Lucila*.[86] Aquí la semblanza se confunde con la anécdota de ribetes modernistas, están presentes motivos como el amor, la belleza, la muerte... En los párrafos finales, justamente en el «Envío», Gabriela es interlocutora de Loynaz:

> [...] *Ahora, Gabriela, aunque ya no estamos en el jardín de casa, necesito decirte algo: no creas que voy a referirme a nuestro último malentendido, que me doliera tanto como a ti. Eso no cuenta ahora, y, además, lo tengo olvidado, tú lo sabes.*
> *Lo que quiero decirte, amiga mía, es que hubo una cosa muy importante en la cual te equivocaste.*
> *Te equivocaste y acertó Lucila, que no tenía tu sabiduría y solo era dulce y sencilla como miel agreste.*

---

[86] Este ensayo de Dulce María Loynaz se incluye con el título *Un recuerdo lírico*, en la citada obra de Mistral, editada en Madrid, en 1962.

Y hoy te digo, Gabriela, que acertó, porque tú has tenido al fin un hermoso reino, más vasto y más seguro que el de muchos monarcas cuyos nombres pasaron a la Historia.[87]

El tono con que se leen estas páginas es conmovedor (la prosa destila lenguaje poético, la evocación de la amiga, el atractivo de sus versos, acaso la mejor definición que se hiciera de esta personalidad de nuestra América), timbrado por la gratitud más que por el miedo a errar en el empeño de Loynaz, con la dulcedumbre de su nombre.

De personalidad radiante, Dulce María Loynaz pensó a Federico García Lorca, quien hizo mayor amistad con sus otros hermanos, especialmente con Carlos Manuel y Flor. No obstante, escribió sobre él un brevísimo texto, tras considerar que ninguno anterior daba la imagen exacta de su persona.

> [...] *De mediana estatura, ni grueso ni delgado, del color oliváceo, que él gustaba de poner en sus personajes, lo que más impresionaba en él eran los ojos.*
> *No podría decir que, porque fueran grandes, aunque lo eran, sino porque el alma se les asomaba a ellos.*
> *Más que su color —quizás pardo, quizás verdoso— recuerdo su mirada que era algo radiante, algo que desde el primer momento le ganaba amigos...*[88]

Este es un mérito de Loynaz, pues a pesar de la ya aludida brevedad del manuscrito, que se guarda celosamente en la casa natal del poeta granadino, el lector logra fijar en su mente

---

[87] Loynaz, Dulce María (2009): «Gabriela y Lucila». En *Quiero que me quieran. Homenaje de los escritores cubanos a Gabriela Mistral*. (Selección, prólogo, itinerario biobibliográfico cubano y notas de Cira Romero y Dania Vázquez) La Habana: Editorial Arte y literatura, p. 154.
[88] Fragmento del manuscrito de Dulce María Loynaz que fuera donado de su parte al museo de Fuente Vaqueros, provincia de Granada, a través de la gestión del investigador Aldo Martínez Malo.

las palabras cabales que erigen todavía al hombre por encima de las sombras.

En otro momento me he referido a la ternura casi filial que sintió Dulce María Loynaz hacia María Villar Buceta y quedara plasmada en un relato que escribió al cumplirse el primer aniversario del fallecimiento de Buceta. A pesar de que cada una tomara rumbos distintos después de la cercanía juvenil, Loynaz demostró sentir la empatía inicial en el momento último de la amiga, para quien el reencuentro se convirtió en gratitud y, más que ver si había cambiado lo de afuera y lo de adentro –parafraseando un poema de la autora de *Unanimismo*–, abrigaron del viejo afecto el espacio en que horadara la pasada ausencia.

En la obra de Aldo Martínez Malo se refiere a que autores conocidos personalmente por la autora, otros solo en sus obras, demuestran el personalísimo gusto de Loynaz, quien cultivó otras amistades como Angelina de Miranda, Angélica Busquet, Raymundo Lazo y su esposa Gloria, Gonzalo Aróstegui del Castillo… algunas fuera de los círculos elegantes o intelectuales, y aunque poco o nada influyeran en su obra, sí la ayudaron a creer en su talento.[89]

Una carta de Dulce María Loynaz dirigida a Federico de Onís, a quien se le ha considerado una figura importante para la historia de las relaciones culturales entre España y Estados Unidos, pone de relieve la amistad y cercanía afectiva de la escritora cubana por el gran hispanista español y su señora esposa.

Dicha carta, con fecha del 27 de febrero de 1953, se encuentra en los archivos del Seminario Federico de Onís de la Universidad de Puerto Rico y revela el estado de indisposición de Loynaz, quien se encontraba enferma y se lamentaba, porque, a causa de este motivo, se sentía limitada para atenderlo a la altura que merecía su distinguida personalidad.

[89] Martínez Malo, Aldo (1993): *Confesiones…*, 63.

[...] Por tanto debo conformarme con enviarle a su gentil esposa ese perfume para que ella me recuerde cuando lo use y Ud. también por estar al lado de ella. Ofrézcaselo con toda la simpatía que tengo para los dos y reciba con él, un afectuoso saludo de Pablo.
Estrecha su mano cordialmente,
Dulce María Loynaz.

Esta carta, como puede constatarse a través del fragmento citado, ha de considerarse un testimonio del espíritu delicado de Dulce María Loynaz. Escrita alrededor de tres meses después de la invitación que Federico de Onís cursara a Loynaz para dictar una conferencia en la Universidad de Columbia (Estados Unidos), nuestra ilustre habanera tendría ocasión, posteriormente, de congratular al amigo y de hospedarlo en su casa, además de presentarlo al círculo de intelectuales cubanos, el cual reconocía en él, al autor de la *Antología de la poesía española e hispanoamericana*, publicada en Madrid, en 1934.

Pero aun otra carta llamaría mi atención en el archivo del Seminario Federico de Onís, esta vez dedicada a la señora de Onís, donde Loynaz se confiesa tan indispuesta que se vio obligada a dictarla a una amiga, pues una enfermedad hepática la mantenía encamada. Con fecha del 17 de enero de 1957, a pocos días del deceso de Gabriela Mistral, la autora de *Poemas sin nombre* (el libro que Herriet de Onís tradujera al inglés), se manifestaba muy triste por la muerte de la escritora chilena y si bien no era momento para festejos, ofrecía el automóvil para que la pareja española, de visita en Cuba, pudiese dar un paseo por los bellos lugares de la isla, entre los cuales citase la playa de Varadero.

De manera que la razón de las dos cartas mencionadas es la imposibilidad de la cubana para compartir con Federico de Onís, discípulo predilecto de Miguel de Unamuno. Además, estas son expresión de amistad y admiración hacia el autor de *Desolación*, aquel libro que tanto conmoviera a los poetas del momento, especialmente por el dolor de «Los sonetos de la muerte». Desde luego, si Loynaz no hubiera estado enferma no habría motivo para escribirlas, pues esos encuentros habrían transcurrido con felicidad y no contaríamos hoy con el valioso testimonio que perciben estas cartas.

Ahora bien, sobre las antipatías entre escritores siempre se especula un poco, tal vez porque al tratarse de personas públicas genera un interés –¿subrepticio?– por la pretendida comprensión de las causas que motivan tal desorden entre sus relaciones humanas. Y es aquí donde nos volvemos a algunas cartas de Dulce María Loynaz, reveladoras de ese juicio en torno al sentimiento de rechazo.

El escritor César López, nuestro Premio Nacional de Literatura 1999, tuvo razón al alegar durante un encuentro en la Sala Federico García Lorca, dedicado a la escritora, en agosto de 2014, que el menosprecio de Dulce María Loynaz por el poeta Nicolás Guillén no era motivado por razones de raza, como alguien ha querido ver, acaso maliciosamente.[90]

En el libro *Cartas que no se extraviaron*, escritas por Dulce María Loynaz y compiladas por Aldo Martínez Malo, aparecen esas motivaciones que la condujeron a conceder una entrevista a *Bohemia*, después que apareciera, en la misma revista, la entrevista hecha por Nicolás Guillén al Dr. Dámaso Alonso, director de la Real Academia de la Lengua Española, donde, a una pregunta de Alonso, Guillén exponía, en palabras de Loynaz, que *la Academia Cubana de la Lengua era ya como si no existiera, que «a la caída de la dictadura», sus miembros se habían puesto en fuga.*[91]

---

[90] En la ocasión, César López recordó la propuesta de Dulce María Loynaz, cuando nombró a Regino Pedroso candidato al Premio Miguel de Cervantes, en el año 1982.
[91] Loynaz, Dulce María (1997): *Cartas que no se extraviaron*. Valladolid: Fundación Jorge Guillén y Fundación Hermanos Loynaz, p. 143.

Conociendo los esfuerzos de cada uno de sus miembros porque la institución prevaleciera, así como los de su presidente –la propia Loynaz–, en la citada carta,[92] este documento se crea como defensa a la censura de Guillén, quien reflejó su insatisfacción con la Academia en un contexto donde la mayoría de los intelectuales habían abordado la realidad más inmediata de la Revolución Cubana y se había abierto una brecha como salvaguardia de sus ideales.

No nos es dable asentir ante las palabras de una u otro, pero sirva este ejemplo para argumentar la conocida antipatía de Dulce María Loynaz por el también presidente de la Unión de Escritores y Artistas de Cuba desde su fundación.

Otras de las cartas revisadas para el desarrollo de este texto son las que Loynaz dirigía al historiador William Gattorno, a quien se le reconoce el tino de solicitarle que escribiera un texto en honor a María Villar Buceta y que hemos referenciado antes.

Las cartas a Gattorno dan cuenta de una mujer muy ocupada como directora de la Academia Cubana de la Lengua, velando la enfermedad de seres queridos que dependían de ella, alegre por las atenciones de su amigo guanabacoense y ocupada en la producción de alguna conferencia. Pero habíamos trazado un camino para avistar antipatías, de modo que este sea el referente que, al menos ahora, nos ocupe.

La fechada en La Habana el 30 de mayo de 1976 es una breve esquela en la cual se le descubre interesada por la obra del pintor Antonio Gattorno, al parecer tío de su amigo William. Este último le había preguntado en una misiva anterior por su vínculo con Ernest Hemingway y en la segunda posdata Loynaz escribe: *Hemingway era bastante pesado. Hubiera preferido que me mandara otra cosa.*[93] En verdad no hubo ningún vínculo entre ambos escritores, pues el norteamericano era

---

[92] Carta fechada en octubre de 1981.
[93] Fragmento de carta inédita de Dulce María Loynaz en la colección particular del señor William Gattorno Rangel.

de carácter muy especial y no mostraba interés en aproximarse a otros intelectuales cubanos.

En una carta con fecha del 17 de febrero de 1986, Dulce María responde a Gattorno agradeciendo el interés por su obra y la de su padre, pero las palabras que refieren al poeta matancero Agustín Acosta son bastante parcas:

> [...] *En cuanto a lo que me dice de Agustín Acosta, debo confesar que nunca traté de gran poeta.*
> *Siempre he esperado que vengan a buscarme y él no vino.*
> *Sin embargo, cuando con justicia lo nombraron Poeta Nacional, mi esposo y yo hicimos expresamente un viaje a Matanzas para presenciar el acto.*
> *Dicho esto, puedo añadir que la Vice Directora de la Academia Dra. Caridad Quintana, tiene un trabajo hecho sobre el mismo que con la venia de ella, pudiera facilitarle.*
> *Puede Ud. escribirle a la propia Academia, que hasta ahora es mi casa, manifestándole su interés...*[94]

No obstante lo tasado en estas líneas, donde acaso se la descubre con el orgullo que, en principio, Gabriela le juzgara, o bien con una timidez difícil de creer en la frase *siempre he esperado que vengan a buscarme y él no vino*, Loynaz olvidó escribir, no sabemos por qué, cuando, después que Agustín Acosta fuera nombrado Poeta Nacional en 1955, ella ofreciera una lectura de sus poemas en la Sociedad Liceo de Matanzas, en 1959, ocasión en que fue presentada por el propio Acosta.[95]

Por último, sin apartarnos de las cartas, aunque yéndonos a la correspondencia entre Juana de Ibarbourou y Mariblanca Sabas Alomá, cuya comunicación ha sido estudiada por la investigadora Zaida Capote Cruz, quien ha dado a la estampa

---

[94] Ibídem.
[95] Véase la cronología, y dentro de esta, la fecha de 1959, recogida en el libro *Poesía*, de Dulce María Loynaz, que se editara por el centenario de su natalicio. Loynaz, Dulce María (2002): *Poesía*. La Habana: Editorial Letras Cubanas.

brillantes valoraciones alrededor de la amistad entre ambas escritoras y arroja descubrimientos no menos recomendables, ubicamos una carta donde se hace referencia a Dulce María Loynaz.

Se recordará la alegría con que Loynaz narraba el encuentro que tuvo con Ibarbourou, cuando, en 1947, en compañía de su esposo Pablo Álvarez de Cañas y del embajador de Cuba en Uruguay, el señor Oscar Gans, fueron a visitarla a su casa de Montevideo y tras un pequeño recital de poesía por parte de Dulce María, Juana la abrazara a la vez que exclamase: *¡No la comprendo a usted, no la comprendo! ¡Si es más grande que yo!*[96] Según contaba la cubana, estas palabras fueron publicadas luego en la revista *Blanco y Negro*.

Desde luego, la evocación de Loynaz manifestaba bondad, pura gratitud y términos portadores de la enorme admiración que le provocaba la poetisa uruguaya, la cual, para desconcierto de muchos, últimamente se nos revela distinta al conocimiento bordado por Dulce María, quien, según parece, ignoraba lo que en verdad pensaba la Ibarbourou.

En el ensayo *¿Por qué La Habana no está en la esquina de mi casa? Cartas de Juana de Ibarbourou a Mariblanca Sabas Alomá*, de Zaida Capote, esta acuciosa investigadora cita un fragmento de la correspondencia de Ibarbourou donde se hace referencia a Dulce María con palabras altisonantes, al decir: *Esa señora me escribió una carta muy dura, resentida, agresiva y altanera. El que no aceptase su egregia hospitalidad le cayó como un rayo erizado de clavos.*[97] Sin duda, el tono que se percibe entre líneas es peyorativo, haciendo referencia al momento en que la poetisa uruguaya planeaba visitar Cuba en la década de los cincuenta y únicamente deseaba la ofrecida hospitalidad de Mariblanca,

---

[96] Martínez Malo, Aldo (1993): *Confesiones…*, pp. 38-39.
[97] Capote Cruz, Zaida (2011): *¿Por qué La Habana no está en la esquina de mi casa? Cartas de Juana de Ibarbourou a Mariblanca Sabas Alomá (II)*. En Portal digital de la literatura cubana www.cubaliteraria.cu [en línea] [Consulta de Editor: 3 de agosto, 2018] http://www.cubaliteraria.cu/articulo.php?idarticulo=13477&idseccion=25

amiga de muchos años, sin embargo, la visita a la Isla no se concretaría y Juana respondió con paciencia y serenidad a Loynaz, quien le volvió a escribir *completamente amansada*.[98] Más adelante, Ibarbourou escribió sobre su conocimiento de lo ocurrido a Loynaz con Gabriela. El empleo de palabras que distorsionaban la realidad muestra a una Dulce María desconocida: *Aquí se comenta en forma aguda el desplante comunista de Gabriela. Para mí es cosa nueva. No sabía que nadaba en esas aguas. Pero dicen que también en otras... Y en otras... Ya que hace política, ¿cuál es su verdad?*[99] Es probable que una versión malintencionada sobre la autora de *Jardín* haya alcanzado los oídos de Juana ante la llegada de una supuesta *carta displicente* y por esta causa desconociera, no sabemos si siempre, a la verdadera Loynaz.

Las relaciones interpersonales son importantes para el desarrollo del hombre y de la mujer como entes sociales. Asimismo, estas ayudan a ubicar a los escritores en su contexto, según sus intereses y estratos sociales. Hace algún tiempo presencié en el Museo de Artes Decorativas de La Habana, muy cerca de la otrora casa de Loynaz, una fotografía donde aparece el matrimonio Loynaz-Álvarez de Cañas, junto a la condesa Gómez Mena, antigua moradora de la mansión que ocupa ese museo. Es otro ejemplo de nuestra autora en su paisaje de época.

La correspondencia de Loynaz, citada de forma discontinua, si bien una parte se encuentra publicada y otra dispersa —como se ha dicho— en manos de amigos y coleccionistas privados (así ocurre cuando se trata de personas distinguidas), es una fuente de información valiosísima para el estudio de sus relaciones, una aproximación al universo cultural y literario en distintos momentos, la revelación de su estado de salud y el de familiares queridos, de los problemas políticos... a la

---

[98] Ibídem.
[99] Ibídem.

que habrá que volver para desembozar el *mito de su apartamiento.*

La personalidad de Dulce María Loynaz, fuera de la óptica de retiro con que críticos y lectores todavía suelen apreciarla, es, pues, incentivo para contextualizarla en la Cuba de su tiempo, desde el vínculo con una gran pléyade de autores y la desunión experimentada hacia otros, todo lo cual permite ganar una dimensión más exacta a la nitidez humana de esta gran mujer.

Apéndice 1

Dulce María Loynaz contaba una anécdota que la sitúa como protagonista: siendo niña, su madre la llevó a ver la luz eléctrica muy cerca de la calle Línea. Hasta principios del siglo XX existió allí un hotel de madera nombrado Trotcha, donde se hospedaban muchos de los oficiales del Ejército Libertador, posterior a su entrada a La Habana. En ese hotel habían sido colocadas dos rústicas bombillas. Los habaneros iban al lugar con cierto recogimiento y con el interés natural de lo desconocido. Dulce María tenía aquel hecho muy vivo en su memoria. Era la primera vez que contemplaba dos bombillas encendidas mediante la electricidad.

Fuente: Gerardo Antonio Loynaz Rodríguez

Apéndice 2

«Fue Enrique Loynaz del Castillo quien tuvo a bien cambiar la *i* latina del apellido por la *y* griega, al parecer por razones de estética», contaba Gerardo Antonio Loynaz Rodríguez, primo segundo de Dulce María. Este amigo recuerda en su niñez un histórico documento expedido por el Gobierno de Cuba en Armas otorgado a Enrique Loinaz Arteaga, abuelo de la excelsa poetisa, y firmado por el propio Carlos Manuel de Céspedes. En el citado texto se le confería la potestad de armar un buque a favor de la causa independentista con la condición de que dos tercios de la tripulación tenían que ser cubanos: en ese documento aparece el apellido con la *i* latina.

Fuente: Gerardo Antonio Loynaz Rodríguez

Apéndice 3

Renée reía mucho cada vez que recordaba el episodio de María Villar Buceta.

Era la época en que la familia Méndez Capote estaba fascinada con la personalidad de la matancera. Acompañada de la hermana Sarah (quien, según el testimonio de amigos, huyó aterrada ante el beso que le propinó don José María Chacón y Calvo) y de la autora de *Unanimismo*, acordaron pasear por la campiña cubana.

El paseo hubiera transcurrido muy aburrido, entre la lectura de sus versos, sin la diablura de Renée, la cual, con pícara astucia, salvó del aburrimiento su tarde de domingo; más esta no fue la opinión de la hermana y la amiga.

Llegado el momento, María tuvo deseos incontenibles de orinar. Renée, que había observado a un guajiro buen mozo junto a una vaca, le dijo a la apresurada joven que fuera detrás del montecito.

Renée se acercó, aunque poco, al campesino y le dijo del mejor modo que situara al animal detrás del montecito. El hombre satisfizo pronto a la dama y, junto con la rumiante, sorprendieron a María en el acto más natural del mundo…

Bien podrá imaginarse cómo María corría, exhausta. Sarah, tan beata, se persignaba, muda de espanto, y Renée increpaba al hombre, sin preocuparle que pudiera ser requerida por este.

A la hora del almuerzo, Sarah permaneció indispuesta; María, como es lógico, irritada por la conducta de aquel personaje, que no vino a disculparse y sonreía desde lejos. Renée lo llamaba a la pleitesía, pero con tan buen estómago se comió toda la comida.

Fuente: William Gattorno Rangel

Comentarios a la primera edición

«*Pilares de un reino* permite percibir ángulos magnéticos de una mujer fundamental en la dinámica profunda de la literatura en el siglo XX cubano, al mismo tiempo que trae esa nota de salutífera primicia juvenil, sin la cual esa zona imprescindible de la creación, la crítica, corre el riesgo de consumirse sin zumo renovador y sin futuro».

Luis Álvarez Álvarez

«*Pilares de un reino* parece un libro apacible. Librémonos de tal ingenuidad. No nos engañen su apariencia de texto inocente, sus impresiones supuestamente dispersas, las fingidas cándidas lecturas de quien juega a ensayar el comentario literario. El autor, eso sí, es un lector deseoso de compartir con otros su lectura. Sus *Pilares* disfrutan del regusto por la *poiesis* en el sentido más pleno, la comunión de los tres saberes, el creativo, el práctico y el contemplativo, hasta llegar a confundirse con el motivo de su inquietud sosegada: la Poesía misma».

Marta Lesmes Albis

«*Pilares de un reino*, de Osmán Avilés, [...] es uno de los más curiosos e interesantes [estudios], especialmente por su abordaje sobre un tema poco o no tratado en la obra de quien muchos se han empeñado en ver como una mujer entregada casi completamente a la religiosidad: el erotismo de la escritora».

Marilyn Bobes

La obra de Dulce María Loynaz (La Habana, 1902-1997), Premio Cervantes de Literatura en 1992, tiene una riqueza espiritual y emotiva. *Pilares de un reino* acerca al lector a la interioridad de esa mujer que padeció la soledad en sus estados más disímiles, recontextualiza su poética narrativa y ofrece un estudio desenfadado sobre el erotismo que la sedujo. Su religiosidad, el dolor, la angustia, conforman su vida: [...] *Bien sé que todo tiene su objeto y su motivo / que he venido por algo y que por algo vivo.* No por gusto el placer y la avidez de mostrar a otros el tesoro encontrado, que es Dulce María, se ha convertido en una pasión.

Ramón Elías Laffita

Dulce María Loynaz a los quince años.
Foto: Biblioteca virtual Miguel de Cervantes.

Dulce María Loynaz a los veintiún años.
Foto: Biblioteca virtual Miguel de Cervantes.

Dulce María Loynaz en su biblioteca,
diciembre de 1937.
Esta biblioteca fue donada al centro
Hermanos Loynaz, de Pinar del Río.
Foto: Biblioteca virtual Miguel de Cervantes.

Gabriela Mistral, mujer no identificada y Dulce María Loynaz, en La Habana.
Foto: Biblioteca virtual Miguel de Cervantes.

Dulce María Loynaz y Pablo Álvarez de Cañas
en su residencia del Vedado.
Foto: Biblioteca virtual Miguel de Cervantes.

Dulce María Loynaz y Pablo Álvarez de Cañas
en Jardín familia Baudet en Guamasa, Tenerife.
Foto: Benítez.

Dulce María Loynaz y Carmen Conde
a su llegada a Tenerife.
Detrás de ellas, Francisco Bonnín Guerín.
Agosto, 1953.
Foto: Benítez.

Bienvenida a Dulce María Loynaz en Tenerife.
Agosto, 1953.
Foto: Benítez.

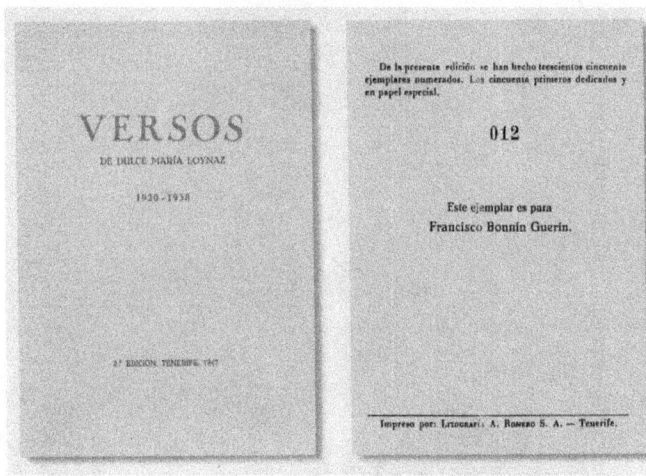

Facsímil de Versos 1920-1938.
Edición de 1947.
Dedicado por Dulce María Loynaz
a Francisco Bonnín Guerín.

Fray José Francisco de Guadalupe (excantante José Mojica de origen mexicano), Dulce María Loynaz y Pablo Álvarez de Cañas.
Foto: Biblioteca virtual Miguel de Cervantes.

Bibliografía

♦　Cabrera Vivanco, Ana: *La voz del silencio*. Editorial Ciencias Sociales, La Habana, 2000.
♦　González Castro, Vicente: *La hija del General*. Editorial del Ministerio de Educación Superior, La Habana, 1992.
♦　Grass Gallo, Élida: *Textos y abordajes*. Editorial Pueblo y Educación, La Habana, 2002.
♦　González Reimers, Ana Luisa y González Cossío, Carmen: *Francisco Bonnín y Dulce María Loynaz. Convergencia artística en el Puerto de la Cruz*. Edición de la Viceconsejería de Cultura y Deportes del Gobierno de Canarias, Puerto de la Cruz, 2002.
♦　Loynaz, Dulce María: *Poesías completas*. Editorial Letras Cubanas, La Habana, 1993.

_____: *Antología Lírica*. Colección Austral, Madrid, 1993.

_____: *Cartas a Chacón. Cartas a Ballagas*. Ediciones Extramuros, La Habana, 1995.

_____: *El áspero sendero*. Selección y prólogo de Roberto Carlos Hernández. Ediciones Extramuros, La Habana, 2001.

_____: *Fe de vida*. Editorial Letras Cubanas, La Habana, 2000.

_____: *Jardín*. Editorial Letras Cubanas, La Habana, 2000.

Índice

La Habana tiene un arcángel	*13*
Preliminares	*17*
Introducción	*23*
La palabra digna de nacer	*25*
El conejillo de *Bestiarium*	*31*
Las redes de una ilusión	*35*
Religiosidad y erotismo	*39*
Un secreto develado	*47*
Poesía y amor piden paciencia	*55*
Un diálogo intimista	*61*
Una ternura casi filial	*69*
La suscitada simpatía	*73*
La nitidez humana	*79*
Apéndice 1	*97*
Apéndice 2	*98*
Apéndice 3	*99*
Comentarios a la primera edición	*101*
Bibliografía	*113*

caawincmiami@gmail.com
2023

www.ingramcontent.com/pod-product-compliance
Lightning Source LLC
LaVergne TN
LVHW011210080426
835508LV00007B/711